国家职业教育城市轨道交通专业教学资源库配套教材

城市轨道交通列车运行突发事件处理

杨翠青　薛　亮　主　编
姜春霞　刘小玲　张程光　副主编
　　　　　　　孙　波　主　审

人民交通出版社股份有限公司

北　京

内 容 提 要

本书为职业教育·城市轨道交通类专业教材。全书将企业岗位需求、人才培养对接和技能培训较好地融入教学实践。本书共分八个模块，包括：列车突发事件处理概述、设备故障应急处理、大客流应急处理、恶劣天气与自然灾害应急处理、列车行车事故应急处理、伤亡类突发事件应急处理、火灾类突发事件应急处理、恐怖袭击类突发事件应急处理。

本书可供高职、中职城市轨道交通类专业及相关专业教学选用，亦可供城市轨道交通行业相关培训使用。本书配有多媒体助教课件，教师可加入"职教轨道教学研讨群（群号：129327355）"获取。

图书在版编目（CIP）数据

城市轨道交通列车运行突发事件处理 / 杨翠青，薛亮主编. — 北京：人民交通出版社股份有限公司，2020.9（2024.12重印）
ISBN 978-7-114-16384-5

Ⅰ.①城… Ⅱ.①杨…②薛… Ⅲ.①城市铁路—轨道交通—列车—运行—突发事件—处理 Ⅳ.①U239.5

中国版本图书馆 CIP 数据核字（2020）第 036757 号

国家城市轨道交通专业教学资源库
Chengshi Guidao Jiaotong Lieche Yunxing Tufa Shijian Chuli

书　　名：	城市轨道交通列车运行突发事件处理
著 作 者：	杨翠青　薛　亮
责任编辑：	王　丹
责任校对：	刘　芹
责任印制：	刘高彤
出版发行：	人民交通出版社股份有限公司
地　　址：	（100011）北京市朝阳区安定门外外馆斜街3号
网　　址：	http://www.ccpcl.com.cn
销售电话：	（010）85285911
总 经 销：	人民交通出版社股份有限公司发行部
经　　销：	各地新华书店
印　　刷：	北京市密东印刷有限公司
开　　本：	787×1092　1/16
印　　张：	10.75
字　　数：	243千
版　　次：	2020年9月　第1版
印　　次：	2024年12月　第4次印刷
书　　号：	ISBN 978-7-114-16384-5
定　　价：	36.00元

（有印刷、装订质量问题的图书由本公司负责调换）

前　言

课程特点

《城市轨道交通列车运行突发事件处理》是城市轨道交通车辆技术专业的专业核心课程之一，教学对象为三年制高职城市轨道交通车辆专业学生。

课程的目标是培养城市轨道交通车辆驾驶岗位所需的具备列车突发事件处理专业知识和技能的高素质技能型人才。

教材编写背景

近年来，我国城市轨道交通迅猛发展。现今轨道交通行业将迎来新一轮发展周期，无论行业政策面、项目审批、投资建设和运营维护，都在发生着积极变化，对城市轨道交通建设人才培养提出了更高的要求。

为了满足城市轨道交通建设对人才培养的迫切需要，并依据教育部《关于组织开展"十三五"职业教育国家规划教材建设工作的通知》《职业教育教材管理办法》，通过对城市轨道交通行业岗位的充分调研、分析和整合，优化已经取得的教育教学成果，基于过程教学法等多种先进教学方法，结合高等职业教育的特点编写了本教材。

内容结构

本书总共八个模块，主要介绍了以下几个方面知识和技能：

(1) 列车突发事件处理概述；

(2) 设备故障应急处理；

(3) 大客流应急处理；

(4) 恶劣天气与自然灾害应急处理；

(5) 列车行车事故应急处理；

(6) 伤亡类突发事件应急处理；

(7) 火灾类突发事件应急处理；

(8) 恐怖袭击类突发事件应急处理。

本教材编写时依据课程标准和人才培养方案，以城市轨道交通突发事件处理和相关专业知识的学习为出发点，同时也兼顾了学生专业知识体系的构建和学生的全面发展。本教材建议授课时数约54学时。

教材特点如下：

(1)在重点叙述基本专业知识的基础上，注重实际操作技能的培养，层次分明，通俗易懂，图文并茂，便于读者掌握和实际应用；

(2)将校企合作、工学结合教育理念深度融合在教学设计中；

(3)在每个模块的知识讲述前设置本模块需要掌握知识点的思维导图，增强知识点间的联系，强化学生的认知能力；

(4)融入了"互联网+"的多媒体资源。

教材编写分工

本书由辽宁省交通高等专科学校杨翠青担任主编，负责全书框架和编写思路的设计及全书的统稿工作，辽宁省交通高等专科学校薛亮担任第二主编，辽宁省交通高等专科学校姜春霞、刘小玲、张程光担任副主编，辽宁省交通高等专科学校孙波担任主审，辽宁铁道职业技术学院刘畅、吴奇、栾长雨和西安铁路职业技术学院张秀红参与编写。

可与本教材配合使用的教学资源

● 教学课件

本教材配套多媒体课件，以供相关任课老师教学参考，需求者可通过加入职教轨道教学研讨群(群号:129327355)向人民交通出版社股份有限公司管理员编辑获取。

● 配套资源

本书配套的"互联网+"素材可在文中扫描二维码观看，并在云课堂智慧职教配备有相关的课程。

致谢：

书中参考、引用了城市轨道交通专家、学者的相关著作和成果，在书末列出了主要参考文献目录，在此表示衷心的感谢。

因编者水平、经验所限，书中疏漏和不妥之处，恳请各位专家、读者批评指正。最后，我们对所有为本书的完成和出版给予支持和帮助的相关人员表示最衷心的感谢。

编 者

2020年6月

目　　录

模块一　列车突发事件处理概述 1
 单元一　突发事件应急处理基础认知 2
 单元二　突发事件应急组织 6
 单元三　突发事件应急设备 10

模块二　设备故障应急处理 17
 单元一　车辆设备故障应急处理 18
 单元二　信号设备故障应急处理 43
 单元三　供电设备故障应急处理 63
 单元四　车站设备故障应急处理 71

模块三　大客流应急处理 76
 单元一　大客流概述 77
 单元二　车站大客流应急处理 79

模块四　恶劣天气与自然灾害应急处理 84
 单元一　恶劣天气应急处理 85
 单元二　自然灾害应急处理 89

模块五　列车行车事故应急处理 93
 单元一　行车事故概述 94
 单元二　行车事故分析及处理 98

模块六　伤亡类突发事件应急处理 106
 单元一　车站内伤亡类突发事件应急处理 107
 单元二　轨行区伤亡类突发事件应急处理 108

模块七　火灾类突发事件应急处理 114
 单元一　火灾类突发事件概述 115
 单元二　列车火灾类突发事件应急处理 117
 单元三　车站火灾类突发事件应急处理 121

模块八　恐怖袭击类突发事件应急处理 126
 单元一　恐怖袭击类突发事件概述 127

  单元二 列车恐怖袭击类突发事件应急处理 …………………………………… 133

  单元三 车站恐怖袭击类突发事件应急处理 …………………………………… 138

附录一 国家城市轨道交通运营突发事件应急预案 …………………………………… **145**

附录二 国家处置城市地铁事故灾难应急预案 …………………………………… **153**

参考文献 ……………………………………………………………………………………… **163**

模块一　列车突发事件处理概述

模块描述

城市轨道交通一般处于地下或高架桥的半封闭空间里,具有隐蔽性、封闭性、人员和设备高度密集等特点,一旦发生重大事故、灾害等突发事件,人员疏散和救援困难,处置不当将产生巨大的人身伤害和财产损失,对社会经济和人民生活产生重大影响。为此,城市轨道交通运营企业都制定了发生设备故障时的应急处理程序、发生运营事故的应急处理规定和发生突发事件情况下的应急处理预案等。本模块主要学习城市轨道交通列车突发事件特征、应急处理原则和程序、应急设备操作和突发事件应急处理预案等基础知识,为后续模块学习做好准备。

思维导图

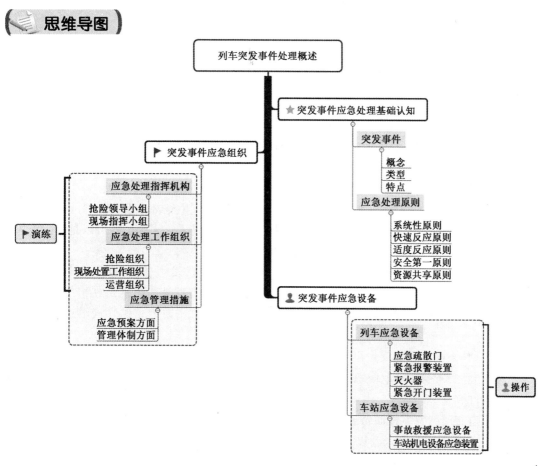

(1) 掌握城市轨道交通突发事件的特征及处理原则;
(2) 熟悉城市轨道交通突发事件的应急管理模式及组织方式;
(3) 掌握城市轨道交通突发事件的应急预案体系;
(4) 熟悉城市轨道交通突发事件应急预案的结构和内容;
(5) 熟悉城市轨道交通应急演练方案及常用演练方式。

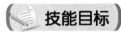

(1) 能够理解应急处理的原则并加以运用;
(2) 能够清楚说明应急处理的组织机构及其职责;
(3) 能够进行应急设备的结构认知和设备操作。

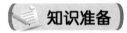

单元一　突发事件应急处理基础认知

一、城市轨道交通突发事件

1. 突发事件概念

城市轨道交通系统是城市公共交通的重要组成部分,它面向公众提供快速便捷的交通运输服务,具有建设要求高、技术复杂度高、客运环境封闭、运转强度大、网络化运营等特点。在这样的环境下,城市轨道交通系统一旦发生突发事件,其明显表征就是影响大、高度不确定性、综合性强、回旋余地小,极有可能造成群死群伤和重大财产损失。

狭义上,突发事件就是在一定区域内,意外地突然发生的重大或敏感事件,对社会产生负面影响,或者对生命和财产构成严重威胁的事件,简言之,就是天灾人祸。既可以是自然灾害,也有人为的恐怖事件、社会冲突、火灾、爆炸等,也可称为"危机"。

广义上,突发事件可理解为突然发生的事情,即首先是事件发生、发展的速度很快,出乎意料;其次是事件难以用常规的方式来应对处理。突发事件也可理解为事件是在组织或个人原定计划之外或者在其认知范围之外突发的,对组织或个人的利益具有威胁性或潜在危险性的一切事件。

根据《中华人民共和国突发事件应对法》的规定,突发事件是指突然发生,造成或者可能造成严重社会危害,需要采取应急处置措施予以应对的自然灾害、事故灾难、公共卫生事件和社会安全事件。

城市轨道交通突发事件通常表现为在运营过程中列车脱轨、冲突、解体、路外人员伤亡、群死群伤(3人死亡或重伤5人及以上)、火灾爆炸、毒气袭击、地震、恶劣天气、突发大客流或者由于设备严重故障、损坏等原因造成列车中断运营的非常事件。

世界各国城市轨道交通已经发生过或可能发生的突发事件(灾害事件)共有以下13种：火灾、爆炸、地震、毒气泄漏、突发疫情、电梯事故、列车脱轨(包括倾覆)、大面积断电、大面积淹浸、重大设备故障、大客流、恐怖袭击及其他重大紧急事件。

2. 城市轨道交通突发事件类型

通常，我国大多数城市轨道交通运营企业按照《国家突发公共事件总体应急预案》，结合企业自身情况，按照性质严重程度、可控性和影响范围等因素将突发事件分为Ⅰ级、Ⅱ级、Ⅲ级、Ⅳ级4个等级。也有的城市轨道交通运营企业为了方便管理和处置，将城市轨道交通突发事件进行了进一步的细分和归纳，划分为自然灾害、事故灾难、公共卫生事件和社会安全事件4类。

突发事件通常是指狭义上的突发事件，如隧道或车站内发生火灾、爆炸、积水等。这些突发事件一旦发生，会对人民生命及财产安全造成极为严重的后果，因此对城市轨道交通系统中的突发事件进行及时与合理的处置，就显得格外的重要与必须。

只有充分研究和了解可能发生的列车运行突发事件，才能更好地做好应急管理和人员的安全疏散保障工作。经对近些年城市轨道交通所发生的突发事件的研究归纳，一般有以下几种情况。

(1)地震、洪水、雪灾等自然灾害。

这些突发事件往往是灾难性的，洪水和地质灾害对车站的危害较大，雪灾对地面交通影响较大。

(2)火灾、爆炸等突发事故。

这些事故有些是意外发生，有些是人为事故，一旦发生，往往造成较严重的后果，如人员伤亡和重大财产损失。

(3)突发公共卫生事件。

大型客运系统内人员复杂、密集且流动性强，容易出现传染病疫情、食品安全或其他对公众生命安全造成危害的突发事件。

(4)恐怖袭击。

车站往往是恐怖分子实施恐怖袭击易选择的地点，因此城市轨道交通线路及车站的防恐、反恐的应急能力和措施要不断加强。

(5)列车车辆事故。

包括城市轨道交通车辆内发生火灾、爆炸、投毒等事件。

(6)车站内设备、设施故障。

如车站内的电力系统、通信系统、售检票系统等发生故障，会进一步引起其他的突发性事件。

3. 城市轨道交通突发事件特点

1) 突发性

突发性是指城市轨道交通突发事件通过偶然契机，以偶然形式突然发生，没有预警，处置难度大。一方面，突发事件的爆发偶然因素更大，因为它几乎不具备发生前兆或者征兆不明显,难以完全预测或预警;另一方面,突发事件要求人们必须在极短的时间内做出事件发生的具体时间、实际规模、具体态势和影响深度等分析判断。稍有偏差,没有及时处置或处置不当,就会造成财产损失和人员伤亡。

2)公共性

城市轨道交通突发事件的公共性首先体现在该事件涉及公共利益,即对公共安全、公共财产和公共秩序产生影响。普通的突发事件如果不及时处置或处置不好,当其达到一定规模时就会发生质变,从而成为一种挑战公共利益的公共事件,就有可能演变为非常态的突发公共事件甚至引发紧急状态;其次,在应对和处置城市轨道交通突发事件中,需要调动和整合全社会的人力、物力、信息等公共资源和力量,即政府部门间的协调和配合、政府与社会组织及公民个人的合作与沟通。

3)危害性

不论什么性质和规模的突发事件,都可能不同程度地给国家造成政治、经济、文化等方面的损失和破坏,给人民带来生命、财产或精神上的损失和损害。这种危害性不仅体现在人员的伤亡、组织的消失、财产的损失和环境的破坏上,而且还体现在突发事件对社会心理和个人心理所造成的破坏性冲击上,并进而渗透到社会生活的各个层面,产生社会后遗症。如果城市轨道交通突发事件导致公众对政府部门管理社会的能力及其管理体制和方式的怀疑,造成对政府形象的伤害,则其消极作用和影响更甚。因此,城市轨道交通运营企业处置突发事件的最基本的原则就是力求在可能的范围内,最大限度地控制突发事件的发生、发展,并且将其损害降至最低。

4)不确定性

不确定性除了指城市轨道交通突发事件发生的不确定或具有突发性外,也包括突发事件发展的不确定性,以及突发事件的后果和其严重程度的不确定。突发事件发生后,事态的变化、发展趋势以及事件影响的深度和广度也无法预先描述和确定,是难以预测的,特别是在复杂和高度信息化的社会中,这种连锁反应带来的直接后果使突发事件变得更加未知,容易引发综合性社会危机。城市轨道交通突发事件的这个特点增加了事件处理的难度。因此,如何处置城市轨道交通突发事件的不确定性已经成为城市轨道交通运营企业极为重视的研究方向。

5)紧迫性

紧迫性是指城市轨道交通突发事件所反映的问题极其紧迫,关系到社会组织或个人的安危,需紧急采取特别、及时、有效的处置措施。随着突发事件的发展、演变,它所造成的损失可能会越来越大。因此,城市轨道交通突发事件的应急响应越快、响应决策越准确,其所造成的损失就会越小。所以,在突发事件中,时间非常紧迫,对时间的把握在很大程度上决定了突发事件管理的有效性。

6)社会性

城市轨道交通车辆及线路在隧道内空间局限,车站的空间结构复杂、客流复杂,再加上突发事件类型多样,致使危害形式多种多样,发生突发事件时如果处理不当,不单是影响车辆正常运营、乘客正常出行,甚至会造成人员伤亡、公共财产损失,在社会上产生不良影响。

突发事件的发生一方面会对社会和经济造成一定的损失,另一方面往往还会对社会体系中的法律法规、技术规范、经验认知、行为准则等产生影响和变革,从而推动社会和轨道交通行业基本架构的发展。

二、城市轨道交通应急处理原则

1. 系统性原则

突发事件涉及面广,影响社会生活的方方面面,可以用"牵一发而动全身"来形容,因此面对突发事件应采用系统的方法综合处置。在现代化城市这个大系统中,城市轨道交通突发事件涉及更多、更复杂的城市子系统,如供电、供水、通信等,城市轨道交通运营企业和政府主管部门对突发事件应采用系统方法加以综合处置;重视应急保障体系的建设,建立起良好的应急管理机制,规划和编制应急预案体系,系统性地明确不同部门和不同专业的职责,加强应急管理过程中各部门之间的协调配合,最大程度地减少突发事件造成的损失。

2. 快速反应原则

突发事件发展变化迅速,能否在危机发生的初始阶段采取及时、准确的应急措施控制局势的发展,在很大程度上决定着整个应急处理的成败。现场应急处理过程中任何延误都可能加大应急处理工作的难度,造成灾难的损失扩大,引发更严重的后果。因此,在应急处理过程中应坚持做到快速反应,有效控制,减少损失,尽快恢复正常的运营秩序。

3. 适度反应原则

适度反应原则是指突发事件应急处理的各种措施应当与突发事件的规模、性质、危害程度相当,一方面要避免反应不足造成的控制不力,另一方面也要避免反应过度而扩大危机的影响范围,浪费应急资源。如果应急处理不当,甚至可能引发其他类型的危机。因此,在城市轨道交通运营企业处理突发事件时,必须有效甄别危机的程度和大小,对现场情况进行科学评估,启动相应级别的应急预案,谨慎适度地行使危机应急处理权力,以期达到危机损失和应对资源效益最佳的平衡程度。

4. 安全第一原则

在突发事件的应急处理过程中,"以人为本,安全第一"是最重要的原则。在突发事件现场处置过程中,贯彻"以人为本,安全第一"的原则就是要把人的安全放在首要的位置,被保护的对象不仅包括危机的直接受害人、间接受害人,也包括参与应急处理的人员、其他社会公众等潜在的受害人。城市轨道交通中人员密集,空间半封闭,在处置城市轨道交通突发事件时的首要原则就是要把处于危险境地的乘客尽快疏散到地面安全地带,避免出现更多伤亡的灾难性后果。

5. 资源共享原则

突发事件应急管理的资源,包括人力资源、财政资源、物质资源和信息资源等。由于突发事件的紧迫性,在大多数情况下,现场第一时间可用的资源往往是有限的,而且这些资源往往掌握在不同的部门和机构手中,这就需要遵循资源共享原则,建立良好的资源准备和配置机制,有效发挥资源的综合使用效果。特别是突发事件具有信息不对称特征,在现场管理过程中,信息资源的共享尤为重要。城市轨道交通运营企业必须重视通过各种方式收集突发事件的危机信息,并及时通过各种方式建立良好的信息沟通渠道,一方面为应急决策和现场管理提供必要的信息支持,另一方面通过信息的及时发布减少谣言和恐慌事件的发生。

单元二　突发事件应急组织

城市轨道交通系统是典型的复杂大型开放系统。一方面,城市轨道交通系统是现代土木工程、信息电子工程和机电设备工程的高度集成系统,具有极为复杂的结构和功能;另一方面,城市轨道交通系统是由若干线路系统组成的以及单条线路工程系统高度集成的复杂网络系统。当某个设备发生故障时,将会破坏整个系统的安全运行。

一、城市轨道交通应急处理指挥机构

当城市轨道交通运营中发生突发事件后,城市轨道交通企业一般根据突发事件的级别不同成立相应的抢险领导小组和现场指挥小组,两个应急领导机构所有运营员工在突发事件应急处理工作中须服从应急处理机构的指挥。

1. 抢险领导小组的组成及职责

1) 组成

根据突发事件的级别不同,抢险领导小组的组长分别由城市轨道交通企业总经理或受委托的主管安全副总经理、运营分公司经理、运营分公司主管安全副经理、相关专业主管副经理或总工程师、运营分公司相关部门部长或技术安全部部长担任,组员由相应下级主管部门负责人、中心主任及相关的城市轨道交通公安分局领导、新闻发言人等组成。

2) 职责

抢险领导小组主要负责整个突发事件抢险救援的组织、指挥和决策,指挥各专业部门和外援单位参加抢险救援,并代表运营企业对外进行信息发布。

2. 现场指挥小组的组成及职责

1) 组成

组长由突发事件抢险领导小组下属相关专业负责人担任,组员由组长指定相关专业部门负责人组成。在到达现场前,指定临近事故现场的部室负责人为临时抢险组组长(未明确前,车站由站长或值班站长担任,车辆段由车辆段调度员担任,区间由司机担任),由站区的有关人员参加,组成事故现场临时抢险处理小组。其任务是抢救伤员,做好各项救援准备工作,保存可疑物证;查找事故线索及原因,并做好记录。

2) 职责

加强与抢险领导小组的联系,及时反映现场情况,正确执行抢险领导小组的决定;听取临时抢险组组长或司机、值班站长、车站值班员等有关人员对事故情况的汇报;有权调动城市轨

道交通企业相关资源开展救援抢险工作;组织各部门进行救援抢险工作,负责现场技术支持及信息的沟通与传递;采取各种措施,控制事态发展,减少人员伤亡和财产损失,尽快恢复运营服务。

二、城市轨道交通应急处理工作组织

1. 抢险组织

1)组织原则

①现场有乘客时,应采取各种措施,稳定乘客情绪,维持秩序,首先保证乘客安全。
②判明现场情况,并及时报告。
③控制事态、减小影响,动员和组织一切力量进行抢险。

2)领导指挥

①在现场指挥小组组长到达之前,若事故发生在区间由司机负责;根据需要,行车调度员安排事故区间邻近车站值班站长(或站长)到达事故现场后,由该值班站长(或站长)负责;事故发生在车站或车辆段,由值班站长(或站长)、车辆段调度员负责。
②现场指挥小组组长到达现场后由现场指挥小组组长接管,并组织开展工作。

3)控制中心的责任

①控制中心主任根据现场情况启动相应预案。
②加强与现场指挥的联系,负责信息的收集和传递。
③通知相关部门派出抢险队,同时通知城市轨道交通公安分局派出人员赶赴现场。
④协调相关部门按照需要增派抢险人员调集抢险物资。
⑤掌握全公司生产动态,努力保证其他工作正常进行。

2. 现场处置工作组织

①现场指挥小组组长到达事故现场后应了解事件的现场情况,迅速查看事故现场,确定影响范围,根据预案的规定,开展抢险救援工作。在不能及时恢复正常运营时,由相关专业负责人立即对现场情况进行评估,迅速向运营控制中心提出行车限制要求(包括是否停止运营、限速、改变驾驶模式及安全注意事项等)。
②如发生的事件在预案外,由现场指挥小组组长根据现场情况组织制订抢险方案并实施。
③救援抢险工作结束后及时汇报。
④现场作业规定:

a. 抢险方案确定前,各部门抢险队到达现场后要在指定位置待命,抢险队负责人尽快掌握现场情况,并领受任务。

b. 公安人员、车站员工负责维护现场秩序,组织无关人员离开事故现场。

c. 抢险救援工作方案的实施由专业抢险队伍负责,救援组织由抢险队负责人指挥,其他人不得向正在进行救援的人员下达命令。

d. 实施方案的变更,须经抢险领导小组批准。

3. 运营组织（表1-1）

城市轨道交通应急处理的运营组织作业程序   表1-1

序号	岗位	作业程序
1	控制中心人员	值班主任与现场指挥加强联系，随时了解现场情况，组织具备运行条件的区段维持运营
2	行车调度员	尽快了解现场情况并迅速上报，现场情况一时无法判明时，应将所能了解到的情况先行报告，详细了解后再续报；根据现场情况，正确、及时地发布抢险救援命令，协助现场处理有关事宜；其他区段具备开通条件时，应组织列车分段运行
3	电力调度员	尽快了解现场情况并迅速上报，现场情况一时无法判明时，应将了解的情况先行报告，详细了解后再续报；根据现场情况和行车调度员的要求，正确、及时地停送电；协助现场处理有关事宜；保证其他具备供电条件区段的正常供电
4	环控调度员	尽快了解现场情况并迅速上报，现场情况一时无法判明时，也应将了解的情况先行报告，详细了解后再续报；根据现场情况正确、及时发布通风系统运行方式等相关命令；协助现场处理相关事宜；监控综合监控、机电设备及环境监控系统运作情况
5	车站值岗人员	与控制中心加强联系，及时执行行车调度员命令，组织人员做好本站客运组织、票务组织和乘客服务，利用广播加强宣传，稳定乘客情绪，封闭车站或事故现场，除有关事故救援人员外，其他人员一律不得进入
6	车站公安人员	维持车站秩序，保护事故现场，对事故进行必要的调查取证；密切关注动态，防止不法分子趁机破坏和扰乱秩序
7	列车司机	接到调度等部门发布的影响运行情况后，应在第一时间做好现场宣传解释和客运组织工作
8	其他现场工作人员	服从现场指挥人员的统一指挥，并积极协助，尽一切能力参与抢险救工作

三、城市轨道交通突发事件应急管理措施

1. 应急预案方面

应急预案作为应急系统中的纲领性文件，是基于风险识别，在突发事件发生后指导应急救援及管理的文件。应急救援人员根据事先制定的应急预案对突发事件进行应急处理。应急预案是人员培训的依据，是预防突发事件的有效手段。

应急预案是突发事件应急管理体系建设的关键，它明确了在突发事件整个过程中的应急管理组织结构、职责分配、处置流程等相关内容，即指明了谁来做、何时做、怎么做等。应急预案不仅是对可能发生的突发事件预先做出的处置安排，也是突发事件发生时的行动指南，为应

急处置的迅速决策、及时抢险、有序救援、有效协同提供合法性依据和参考。因此,加强应急预案体系的建设,对减缓突发事件的发展速度,降低事件造成的损失和影响,保护人民的生命财产安全具有十分重要的意义。

随着全国各地的城市轨道交通网络化大发展,城市轨道交通突发事件应急预案的研究和制定也在不断推进。从行政层面上,我国城市轨道交通应急预案可划分为国家、地方、企业三个自上而下等级的应急预案。虽然我国目前有从政府到企业自上而下的完整应急预案体系,但编制的顺序并非按照自上而下依次完成。城市轨道交通突发事件的专项预案是从企业开始,再到地方政府和国家层面的逆向编审操作。

1) 完善应急预案体系

国家针对具体的城市轨道交通突发事件做出了相应的应急预案规定,交通管理部门也相应地编写了关于城市交通应急管理的预案文件,虽然国家层面上对应急预案给予了很大重视,但是地方政府在城市轨道交通突发事件应急预案的编写和处理时观念相对薄弱,因此要完善地方政府的应急预案体系,从根本上加强对城市轨道交通突发事件的应急预案重视。需要以国家总体规定为框架,结合当地实际情况做出科学合理的预案体系。

2) 加强预案可操作性

由于城市轨道交通突发事件应急管理涉及多个部门,制定预案的时候要同时咨询相关部门的意见和建议,均衡各部门的执行范围和执行能力,综合考量预案的可操作性,制定科学的评判标准和准则。建立各部门和单位之间的沟通联系机制,更好地执行预案文件,提高应急质量。

3) 更新优化应急预案

应急预案的制定要根据各城市各地区的实际情况,通过组织相关部门和专家进行评定和修改,制定和收集典型的应急方案,加以总结和研究,定期组织人员对应急预案进行考察,缩短应急预案的更新时间,不断优化应急预案,保证预案能够及时、有效地与新型突发事件相匹配。

4) 加强应急预案演练

为了保证应急预案的可操作性,需要增加应急预案演练频率和次数,在演练的过程中,检验方案中参与应急救援的领导人员、组织人员及参与人员之间的配合程度,同时发现方案中存在的问题及时制定修改措施,进而提高应急预案的可操作性和科学性。

2. 管理体制方面

1) 不断完善应急管理组织机构的职能

由于应急管理机构部门比较多,均有不同的分工和职责,各个部门在发挥本部门作用的同时还要注重彼此之间的协同合作,才是有效发挥管理职能的前提条件。要完善应急管理组织机构的职能,加强事前、事中、事后各部门的监督预测、检查、突发事件响应和救援应对等职能管理,提升应急处理能力和时效性,进而提升应急管理水平。

2) 加强应急管理机构之间的联动建设

建立部门之间的联动机制,正确处理上级和基层之间的空间联系,使得各个部门之间能够在突发事件发生时保持沟通及联动关系,增强整体应对突发性复杂问题的处理能力,保持各个部门之间的协同性,提升部门之间的资源利用率。

3）加强突发事件专家委员会队伍建设

加强专家应急小组的建设，在面对城市轨道交通突发事件时，充分发挥专家应急小组的作用，为应急救援处理提供多种科学有效的技术指导，通过引进管理、工程、运筹、社会等专业的专家，提高城市轨道交通突发事件应急管理能力。

4）树立"预防为主，防治结合"应急原则

传统安全事故的预防措施都是偏重救助，考虑到城市轨道交通突发事件的破坏性大、覆盖面广，因此需要相关人员注重"预防为主，防治结合"，这样才可以最大限度地减少损失。

5）开展培训，提高从业人员安全素质

城市轨道交通突发性事件处理水平的高低，除了需要理论指导和实践经验以外，还需要提升参与人员的安全素质和处理技能。可以对各个岗位的从业人员进行分层培训、考核，在关键岗位上加大培训的力度和范围，培训的内容也需要从基本的应急救援技能学习到标准化、快速化的实践训练，这样可以保证整个应急队伍的建设水平。

单元三　突发事件应急设备

安全是相对的，没有绝对的安全。城市轨道交通运营安全也是相对的。为了应对可能突发的事件，保护乘客的安全，城市轨道交通运营企业一般在列车和车站内都安装有一定规模的应急设备。当出现突发事件时，乘客可以通过应急设备进行报警或自救。以下按列车应急和车站应急设备进行介绍。

一、列车应急设备

城轨列车无论是在车厢还是车辆驾驶室内都安装有一定规模的应急设备，主要包括应急疏散门、紧急报警装置、灭火器、紧急开门装置等。

1. 应急疏散门

应急疏散门（图1-1）也称逃生门，安装于驾驶室左部的水平轴上，可以垂直向上开启。通过人工手动解锁空气弹簧执行机构，可推下专门的接近轨道的紧急梯。应急疏散门装有挡风玻璃、一个雨刮器和清洗器（与驾驶室雨刮器和清洗器共同控制）。当在运营区间发生故障时，司机可以通过前后的应急疏散门疏散乘客。通过该门，乘客可以快速、有序地被疏导至隧道，从而逃生。

所在位置：两端驾驶室均配置。

使用方法：向上扳动红色锁把手柄，向上轻推紧急疏散门──按操作指示牌所示标识移走梯盖──展开斜梯。

使用时机：发生爆炸、火灾等意外事件以及列车在隧道不能运行，需要组织疏散时使用。由司机操作打开，或得到司机广播通知后由乘客打开使用。

2. 紧急报警装置

紧急报警装置（图1-2）安装于列车的车厢内。一般情况下，列车的每节车厢至少安装两个紧急报警装置,包括报警按钮和紧急对讲器。当车厢发生乘客冲突、有人昏厥、火灾等紧急状况时,乘客可以立即按压此按钮通知司机,司机在监视器上获取报警信号后,可与乘客进行通话。

图1-1　应急疏散门　　　　　　　　图1-2　紧急报警装置

所在位置:每节车厢有两个报警装置,分别在车厢前、后端车门斜上方。

使用方法:向上推动报警罩──→按压红色按钮,"话筒"通话指示灯亮时报警。

使用时机:遇到爆炸、火灾、毒气以及抢劫、行凶等意外事件时。

3. 灭火器

城市轨道交通列车是运送乘客的大型封闭载客工具。其一旦发生火灾,后果不堪设想。因此,在每节车厢里均配备灭火器。一般情况下,车厢内配备的灭火器型号为4kg/6kg,放置于车厢座位底下或车厢前后两端的专门设备内。当列车发生火灾初期或较小火灾时,乘客可自行利用灭火器进行灭火,防止较大火情的出现。

所在位置:车厢座位底下(每节车厢有两个4kg/6kg干粉灭火器,座椅上方有灭火器标记,并有两个固定灭火器的安全带)或车厢前后两端的专门设备内。

使用方法:打开安全带卡扣──→取出灭火器,拉开插销,对着火源灭火。

使用时机:在车上发生火灾时使用。

4. 紧急开门装置

在列车的每个车厢车门上均安装有紧急开门装置(图1-3),其主要作用是列车在故障或紧急情况时,需要人工开门时使用。

所在位置:每节车厢内部各车门上方。

图1-3 紧急开门装置

使用方法:打开防护罩──→按照箭头提示方向旋转扳动红色手柄──→拉开车门。

使用时机:在紧急情况下,当列车已停在车站,并且车门已对应站台位置,需要乘客自行疏散时使用。此装置为机械解锁,在无电情况下仍可使用(当列车在区间紧急停车时严禁使用)。

二、车站应急设备

1.事故救援应急设备

1)呼吸器

车站应定期组织员工演练,掌握呼吸器的使用方法,定期进行检查,保证气瓶压力在规定允许使用的范围。压力不足时应及时向按程序报告,确保突发情况发生时能够正常使用(呼吸器正常使用范围为:呼吸器压力表指针读数×2~10min,呼吸器压力表指针接近红色区域时,表明呼吸器只能维持10min的正常呼吸,佩戴人员应立即撤出危险地带)。

2)逃生面具

车站所有员工必须掌握逃生面具的使用方法。逃生面具保存期为3年,安全使用时间为15min,超过期限应立即按程序报告对其进行更换。车站每岗一具,随岗配发随岗交接,各岗主岗人员负责保管并定期检查逃生面具真空包装的完好情况。有不符合标准的及时报安全保卫科。

3)应急灯

车站要定期检查应急灯的性能,按使用说明及时进行充电,专人管理,建立充电登记制度,确保做到随取随用。

4)其他事故救援应急设备(表1-2)

其他事故救援应急设备 表1-2

序号	设备名称	数　　量	放　置　位　置
1	担架	每车站一个	统一放置于车站行车值班室
2	存尸袋	每车站一条	统一放置于车站行车值班室
3	便携式扶梯	每车站4个	分别放置于车站行车值班室和行车副室,各两个
4	湿毛巾	每车站150条,当车站发生火灾、生化恐怖袭击时,用于分发给乘客使用	湿毛巾分别存放于车站两个售票室和行车值班室,各50条
5	抢险锤	每车站一只	统一放置于车站行车值班室
6	防汛铁锹	若干	统一放置于车站仓库
7	挡水板	若干	统一放置于车站仓库
8	草垫子	若干	统一放置于车站仓库
9	编织袋	若干	统一放置于车站仓库

车站应急抢险器材要由专人保管,不得随意挪作他用。当出现故障损坏或数量不足时,应立即上报有关部门,如因人为因素导致器材出现故障、损坏或数量不足,必须由肇事者照价赔偿。

2.车站机电设备应急装置

车站机电设备应急装置主要有火灾紧急报警器、自动扶梯紧急停止装置、站台紧急停车按钮、站台门紧急开关等。其安装位置和数量根据不同的城市轨道交通系统建设的要求而有所不同,但各类应急设备的启用时机相同,就是必须在发生危及列车行车安全或危及人身安全的紧急情况下使用。

1)火灾紧急报警器(手动报警按钮)

作用:供发生火情时报警。

所在位置:车站站厅、站台消防栓和灭火器旁边的墙壁上。

外观:手掌大小、红色、四方形,有"FIRE"字样。

使用方法:按(压)破防护罩即可报警。

2)自动扶梯紧停装置(自动扶梯紧急停止按钮)

乘坐自动扶梯时经常会接触到一些运动的和静止的部件,它们之间的相对运动容易使乘客受到伤害。在自动扶梯上下两端出入口处的下部,均设有红色的紧急停止按钮(一般标有"停止"字样),如果自动扶梯上发生乘客摔倒或头部、手指、鞋跟、物品被夹住等各种危险情况时应大声呼叫处在自动扶梯出口、入口处的电梯值班人员或乘客,立即按下紧急停止按钮停止自动扶梯的运行,以免造成更大的伤害。站务人员告知其他乘客不要惊慌和拥挤,保持右侧站立位置,让出左侧通道,使救援人员迅速接近受伤人员。正常情况下不得按动此按钮,以防自动扶梯突然停止运行而使其他乘客因惯性摔倒。

作用:扶梯上发生紧急情况需停止扶梯运行时,可手动停止扶梯运行,避免发生更大的意外。

所在位置:电扶梯上下两端右侧各一个。

外观:硬币大小的红色按钮,旁边有"紧急停止按钮"标志。

使用方法:按压红色按钮即可使自动扶梯紧急停止运行。

3)站台紧急停车按钮

作用:当车门、站台门夹人夹物,有人或大件物品掉落轨道时使用。

所在位置:站台墙壁上,靠近列车车头、车尾两侧。

外观:红色的四方小盒子,上锁,按钮为红色。上方有"紧急停车按钮"的字样和标志。

使用方法:击碎中间玻璃按压按钮即可,该设备涉及行车安全,非紧急情况下严禁使用,否则按章处罚。

4)站台门紧急开关(站台门解锁手柄)

所在位置:每组站台门内侧中部。

使用方法:按照箭头指示方向拉开绿色解锁手柄——→拉开站台门。

使用时机:在紧急情况下,当列车已停在车站,并且车门已对准站台位置,需要乘客自行疏散时使用。此装置为机械解锁,在无电情况下仍可使用。

实践训练

(1)在实训室运用模拟仿真软件或是通过资料搜集整理,进行各类突发事件应急设备的结构认知和设备操作,并填写表格。

①列车应急设备(表1-3)

列车应急设备表   表1-3

设 备 名 称	结 构 认 知	设 备 操 作
应急疏散门		
紧急报警装置		
灭火器		
紧急开门装置		

②车站应急设备(表1-4、表1-5)

事故救援应急设备表

表1-4

事故救援应急设备	结 构 认 知	设 备 操 作
呼吸器		
逃生面具		
应急灯		
其他事故救援应急设备		

车站机电设备应急装置表

表1-5

车站机电设备应急装置	结 构 认 知	设 备 操 作
手动报警按钮(火灾紧急报警器)		
自动扶梯紧急停止按钮		
站台紧急停车按钮		
站台门解锁手柄(站台门紧急开关)		

（2）分组模拟构建应急处理指挥机构，并进行记录。

①应急处理机构（表1-6）

应急处理机构表

表1-6

应急处理机构	组　　成	职　　责
抢险领导小组		
现场指挥小组		

②进行小组模拟演练（表1-7）

小组应急处理成员表

表1-7

小组应急处理成员	姓　　名	岗　　位	职　　责
组长			
组员1			
组员2			
组员3			
……			

(3)演练应急处理工作组织。
①应急处理工作组织(表1-8)

应急处理工作组织表　　　　　　　　　　　　　　　表1-8

应急处理工作组织	组成	职责
抢险组织		
现场处置工作组织		
运营组织		

②进行小组模拟演练(表1-9)

小组应急处理工作成员表　　　　　　　　　　　　　表1-9

小组应急处理工作成员	姓名	岗位	职责
组长			
组员1			
组员2			
组员3			
……			

模块二 设备故障应急处理

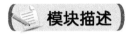 **模块描述**

在城市轨道交通车辆运行时,设备状态直接影响运营的质量和效率。本模块从车辆设备、信号设备、供电设备和车站设备出现故障的原因和现象进行展开,引导学生学习相关设备出现故障时的应急处理方法和程序。通过典型任务的学习和模拟演练,提高学生的基本职业技能。

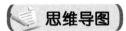 **思维导图**

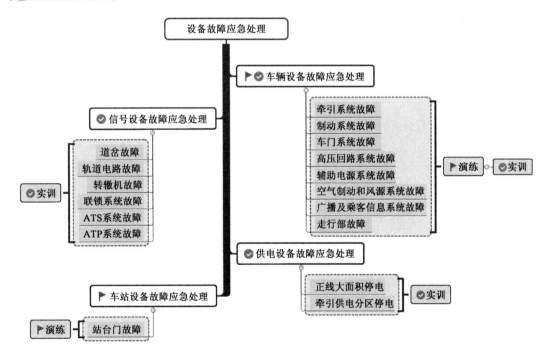

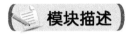 **知识目标**

(1)掌握牵引系统的组成和控制原理;
(2)掌握制动模式及制动系统的控制原理;
(3)掌握车门系统的结构、功能和控制原理;

（4）了解高压电源系统设备配置；

（5）掌握辅助电源系统的组成和控制原理；

（6）了解空气制动系统的组成、功能，以及主要部件的结构和控制关系；

（7）了解广播及乘客信息系统的组成及功能；

（8）了解车辆走行部的组成、功能、主要结构；

（9）掌握牵引系统、制动系统、车门系统、高压回路系统、辅助电源系统、空气制动系统、广播及乘客信息系统、走行部故障的应急处理原则及要求；

（10）判断牵引系统、制动系统、车门系统、高压回路系统、辅助电源系统、空气制动系统、广播及乘客信息系统、走行部的主要故障和应急处理方法；

（11）掌握信号设备故障应急处理的程序和设备操作方法；

（12）掌握站台屏蔽门在各种非正常情况下的处理方法和流程。

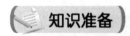

（1）能正确判断牵引系统、制动系统、车门系统、高压回路系统、辅助电源系统、空气制动系统、广播及乘客信息系统、走行部的故障；

（2）能按规定进行牵引系统、制动系统、车门系统、高压回路系统、辅助电源系统、空气制动系统、广播及乘客信息系统、走行部故障时的应急处理；

（3）能够理解信号设备故障应急处理的原则并运用到实际工作中；

（4）能够按信号设备故障时各岗位职责、信息汇报流程和方法、应急处理程序进行分岗位角色演练；

（5）学会站台屏蔽门故障时的应急处理办法及各岗位职责。

知识准备

单元一　车辆设备故障应急处理

一、牵引系统故障应急处理

1. 牵引系统的构成及原理（相关资源参见二维码 01）

二维码 01

1）牵引高压系统

牵引高压系统包括受流器、熔断器、高速断路器、滤波电抗器、VVVF 牵引逆变器、牵引电机、制动电阻和接地开关箱等。

如图 2-1 所示，在牵引工况时，城市轨道交通车辆通过受电弓将接触网的 DC1500V 电能引入到车底架下部高压箱中，在高压箱中受高速断路器控制后，经牵引逆变器送入牵引电动机，使牵引电动机驱动车辆轮对从而牵引列车。在制动工况时，通过牵引电机将列车的动能转化为电能，并经牵引逆变器、高速断路器、受电弓等将电能反馈给电网。如果电能不能回馈给电网,则通过牵引逆变器和制动电阻以热能的形式散发掉。

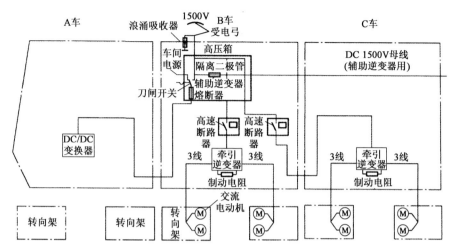

图 2-1　牵引系统主电路

2)牵引控制系统

牵引控制系统主要由司机控制器、各指令开关、各种继电器、列车控制与管理系统(TCMS)和牵引控制单元(DCU)等构成,通过一系列接触器、继电器等器件的"接通"和"断开"来传递控制与检测信号,从而进行列车有关牵引的控制指令及状态的给出、传输和诊断等,实现列车牵引及电制动控制、电传动系统故障保护等。

2. 牵引系统故障应急处理案例分析

案例一:全列牵引无流的应急处理(相关资源参见二维码02)

(1)故障现象。

司机控制器主手柄置于牵引位,全列保持制动不缓解,监控显示屏显示动车牵引电流为"0"。

(2)故障分析。

影响列车牵引的原因如下:

①牵引控制保险跳开;

②列车的头尾关系不正确;

③方向选择开关在"0"位;

④司机控制器主手柄的位置不在牵引位;

⑤门选开关的位置不在"0"位;

⑥列车"紧急制动环路"断开;

⑦ATC 请求切除牵引;

⑧列车门没有关好;

⑨列车"列车缓解不良"输出;

⑩停放制动没有缓解。

此外,接触网或接触轨的供电电流不正常也是导致牵引无流的重要因素。

(3)故障处理(表2-1)。

全列牵引无流的应急处理　　　　表2-1

序号	故障检查	故障处理
1	门关好灯亮,全列保持制动不缓解	(1)检查门选(左/右)开关位置是否正确; (2)检查网压是否正常; (3)确认"HB复位"按钮是否复位; (4)切换NRM模式运行
2	门关好灯未亮,TMS显示部分车门未关闭	(1)进行车门再开闭操作,反复两次; (2)如未解决,通过TMS检查,如确认故障车门位置,将故障车门隔离(必须关门后进行隔离操作),符合下线标准时,换车; (3)如TMS显示车门关闭,按下控制屏柜内"门旁路开关"按钮及在TMS屏幕上对门关好进行软旁路,司控器手柄推牵引位动车
3	TMS显示压力不缓解	按"制动单元制动不缓解"处理
4	停放制动不缓解	(1)检查列车风压,按下"缓解停放"按钮进行缓解; (2)按下"停放制动旁路开关"按钮及在TMS屏幕上对停放制动进行软旁路,然后司控器手柄推牵引位动车
5	以上处理方法均无效	(1)降弓断蓄电池重启动列车; (2)立刻清客下线,换端运行; (3)若无效,申请故障救援

(4)注意事项及要点总结。

在逐步排查故障的过程中,每做完一项操作都应注意查看全部动车是否恢复牵引,这样才能判断出产生故障的可能原因:是车门没有关好,还是门电路故障;是停放制动施加,还是牵引控制保险断开,或其他原因。

案例二:单车牵引无流的应急处理(相关资源参见二维码03)

(1)故障现象。

司机控制器主手柄置于牵引P1~P4间任何级位,全列车中有一辆动车牵引逆变器显示故障或牵引电流为零。

二维码03

(2)故障分析。

造成单车牵引无流的可能原因有很多,主要如下:

①该动车牵引电动机故障;

②该动车的牵引电路中元器件或线路故障;

③牵引逆变器故障,致使牵引控制单元不能正常工作;
④该车的停放制动不能缓解。
(3)故障处理(表2-2)。

单车牵引无流的应急处理　　　　表2-2

序号	故障检查	故障处理
1	通过列车监控显示屏检查故障车高速断路器运行是否正常	司机控制器主手柄在"惰行"位或"制动"位时,按"复位"按钮
2	检查故障车的停放制动是否施加	若列车监控显示屏显示该动车施加停放制动,则按下"停放制动缓解"按钮
3	检查故障车电气控制柜内的本车控制电源保险开关、牵引制动状态保险开关是否跳开	若跳开,将其闭合;若未跳开,可将其断开后再闭合,再按"复位"按钮
4	检查VVVF是否出现故障	按下"VVVF隔离"按钮,若一个VVVF出现故障,换车;若两个VVVF故障,清客下线
5	检查故障车是否恢复正常	若该动车连续发生故障,可以根据列车TCMS的提示进行切除;维持运行到终点站

(4)注意事项及要点总结。

列车发生单车牵引无流时,起动速度较慢,司机应合理使用司机控制器主手柄进行操作。若列车发生多节动车牵引无流且不能恢复时,应及时将情况报告给行车调度员,并请求立即清客下线或就近入库,避免故障扩大影响运营。

在列车运行过程中,若由于轻度故障导致牵引逆变器不能工作,司机可通过按压操纵台上的"复位"按钮,使牵引逆变器投入运行。对于牵引逆变器的严重故障,可以在车上断开牵引逆变器的DC110V电源,3秒后再闭合,实现牵引逆变器的严重故障复位。

当产生严重故障必须进行单车切除操作时,若在"复位"操作之前进行单车切除操作,则该动车牵引控制单元输出高速断路器HB断开信号,切除故障车辆。

二、制动系统故障应急处理

1. 制动系统组成与控制原理(相关资源参见二维码04)

1)组成与原理

制动系统是制动装置在司机或其他控制装置(如ATC等)的控制下,产生、传递制动信号,并对各种制动方式进行制动力分配、协调的部分。制动控制系统主要有空气制动控制系统和电控制动控制系统两大类。

列车电制动时,将牵引电机变为发电机,使动能转化为电能。对这些电能不同的处理方式形成了不同方式的动力制动。城市轨道交通车辆上采用的动力制动形式主要有再生制动和电阻制动,都是非接触式制动方式。

在制动初期,车辆电机转化为发电机,将列车制动产生的动能经过VVVF逆变器整流转变形成直流电输送到接触网给别的列车使用和供给本列车的辅助用电系统,此时发生的就叫作再生制动。

如果制动列车所在的接触网供电区段内无其他列车吸收该制动能量,VVVF 则将能量反馈在线路电容上,使电容电压迅速上升,当达到最大设定值 1800V 时,DCU 启动能耗斩波器模块上的门极可关断晶闸管 GTO,GTO 打开制动电阻,制动电阻与电容并联,将电机上的制动能量转变成电阻的热能消耗掉,即所谓的电阻制动(亦称能耗制动)。

2)制动模式

(1)常用制动控制。

常用制动是指用以调节列车运行速度或使列车在预定地点停止的制动方式,可通过司机控制器、ATP 系统、自动控制系统等系统施加,采用电空混合制动并优先使用电制动。

(2)紧急制动控制。

紧急制动是在列车行驶过程中或是在遇到紧急情况时,能在最短距离内将车停下的制动方式。

紧急制动采用纯空气制动,由紧急制动安全回路直接控制,作用原理如图 2-2 所示。

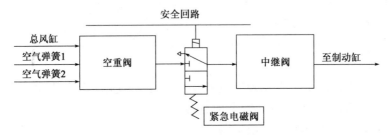

图 2-2　紧急制动作用原理

(3)保持制动控制。

保持制动是一种使停止的列车保持静止的制动控制方式。正常状态下,只要列车处于静止,保持制动就会自动施加,可以防止列车停车时受到外力作用溜车,或防止在坡道上停车时列车意外移动,同时也能防止列车在坡道上启动时产生倒溜。

保持制动的控制和作用原理与常用制动相同,但施加条件和制动力大小与常用制动有所不同。保持制动仅在列车接近停稳时才施加,其制动率(制动力与重量之比)一般为一个固定值。一旦列车开始起动,保持制动就开始缓解。

(4)停放制动控制。

停放制动是纯机械控制的制动,由弹簧的压缩力施加。在列车停车后,一旦总风缸压力下降到某一设定值,停放制动便能够自动施加;当总风缸压力恢复后,停放制动能自动缓解。

停放制动也可以通过驾驶操纵台上的停放按钮实现停放制动的施加与缓解。

2.制动系统故障应急处理案例分析

案例一:紧急制动不缓解的应急处理(相关资源参见二维码 05)

(1)故障现象。

司机控制器主手柄置于"惰行"位时,监控显示器显示列车施加紧急制动,双针压力表的

二维码 05

制动压力指针指示紧急制动压力。

（2）故障分析。

只要出现下列情况之一，列车紧急制动环路就断开，电制动被切除，仅由空气制动作用：

①头、尾车驾驶室均被激活；

②ATC 请求紧急制动；

③司机释放司机控制器上的警惕开关时间过长(大于 5s)；

④司机控制器主手柄在紧急制动位；

⑤总风缸压力不足；

⑥紧急制动按钮被按下；

⑦紧急制动控制保险断开，紧急制动环路控制电源失电；

⑧列车运行时方向选择开关回"0"位。

此外，列车丢失完整性(如列车分离)也是引起紧急制动的原因之一。

（3）故障处理(表 2-3)。

紧急制动不缓解的应急处理　　　　　　　　表 2-3

序　号	故障检查	故障处理
1	确认驾驶室内各相关开关和按钮位置是否正常	若不正确，进行恢复(各开关和按钮、司机控制器主手柄、方向选择开关、紧急制动按钮等)
2	检查双针压力表指示的总风缸压力是否正常	若不正常，等待总风缸压力上升至规定值后，重新建立安全回路查看能否缓解
3	检查车载信号系统是否正常	将驾驶模式选为"非限位"，切除 ATP 进行试验，重新建立安全回路查看能否缓解
4	检查制动控制保险和紧急制动控制保险是否跳开	若跳开，将其闭合
5	短接紧急制动短路开关进行试验	若缓解，列车限速 30km/h 运行，并退出运营；若不缓解，断开蓄电池再闭合，按"复位"按钮
6	到尾端驾驶室进行检查和试验(相关项目同上)	若短接尾车紧急制动短路开关后紧急制动缓解，列车可推进运行；若不缓解，请求救援
7	检查救援列车联挂妥当	将列车各台车强迫缓解塞门全部切除，列车制动缓解

（4）注意事项及要点总结。

为尽快处理故障，列车在发生紧急制动不缓解后，司机要利用排除法优先排除有表象的故障项，并且能根据当时列车运行状态决定检查顺序。

在正常操作列车运行的过程中，应认真观察双针压力表显示，发现问题及早采取措施。当总风缸压力降低时，可以强制使空压机打风进行试验，若总风缸压力依旧持续下降或无法恢复到正常值时，应检查列车是否有风压泄漏的故障，及时进行处理。

若按压强制泵风按钮，待总风缸压力达到规定值后故障解除，说明是由总风缸压力不足造成的列车紧急制动不缓解。

若将车载 ATP 切除后紧急制动可以缓解，可以判断是车载 ATP 故障导致的紧急制动不缓解。

若短接紧急制动短路开关后列车紧急制动全部缓解,说明是列车电路上的故障引起的紧急制动不缓解。

故障发生后,若前部驾驶室检查无异常,司机应及时与行车调度员联系,派副司机携带相关钥匙及备品到尾车驾驶室,进行尾车驾驶室的检查。

案例二:常用制动不缓解的应急处理

(1)故障现象。

司机无法进行牵引操作,监控显示器显示列车制动缸压力不缓解,双针压力表的制动压力指针指示有常用制动压力。

(2)故障分析。

根据制动控制系统工作原理,导致常用制动不缓解的可能原因如下:

①车载ATP设备故障;
②司机控制器主手柄位置不正确或故障(包括警惕开关故障);
③门选向开关未回"0"或故障;
④客室车门未处于关门状态(包括车门本身未关好或列车门关好继电器故障);
⑤牵引电流未输出(可能原因可参见"列车牵引无流"故障);
⑥总风缸压力不正常(包括总风缸压力继电器故障);
⑦制动缸压力不正常(包括制动缸压力继电器故障);
⑧列车缓解不良;
⑨列车风源系统故障;
⑩制动控制断路器断开。

(3)故障处理(表2-4)。

常用制动不缓解的应急处理　　　　表2-4

序号	故障检查	故障处理
1	确认驾驶室内各相关开关和按钮、保险开关位置是否正常	若不正确,进行恢复,包括各开关和按钮、司机控制器主手柄、方向选择开关、紧急制动按钮、制动控制保险等(注意:回送制动保险应断开)
2	检查门选向开关是否在"0"位	若不正确,扳至正确位置
3	检查总风缸压力是否正常	若不正常,等待总风缸压力上升至规定值后,查看能否缓解
4	通过门全关好指示灯和列车监控显示屏检查客室车门是否全部关好	若有车门未关好,处理车门故障
5	检查是否是由车载ATP设备引起的常用制动	切除ATP进行缓解操作
6	检查常用制动是否缓解	若不缓解,按下"强迫缓解"按钮
7	再检查常用制动是否缓解	若不缓解,换头操作试验
8	检查故障是否排除	若仍不缓解,断开各车辆制动电源保险
9	检查各车辆的风压表是否缓解	若缓解,就近清客、掉线入库;若不缓解,利用强缓塞门对各车辆进行制动缓解

(4) 注意事项及要点总结。

单车制动不缓解的故障也可以用"强迫缓解"按钮、断开故障车制动电源保险、关断故障车强缓塞门等方法来解决。

"强迫缓解"按钮只对故障车起作用,此时列车无常用制动、无防滑,只有紧急制动,运行时应注意列车的制动距离,降低车速,绝不可超速运行,同时防止擦轮。而列车紧急环线一旦失电将不能重新建立,运行时要谨慎使用紧急制动按钮。

断开故障车制动电源保险后,司机控制器主手柄必须置于常用制动位(B1~B7),通过观察故障车风压表的显示确认制动是否缓解(断开制动电源保险只能缓解常用制动)。

若断开制动电源保险后常用制动仍不能缓解,可到故障车下断开强迫缓解塞门,但不能通过关断两个防滑阀塞门进行缓解,因为由此可能引发牵引无流的故障。

此外,在常用制动不缓解的处理过程中,也可以尝试按下"停放制动缓解"按钮进行试验。

三、车门系统故障应急处理

1. 车门控制系统构成与控制原理(相关资源参见二维码06)

二维码06

1) 机械控制部分

机械控制部分包括传动导向装置、内外紧急解锁装置、故障隔离锁等设备。

传动导向装置应用较多的为齿形皮带和丝杠螺母,其作用是将门体驱动电机的扭矩转化为直线运动,使左右门板沿设定导轨滑动。

内外紧急解锁装置可实现机械手动开门操作,使乘客在发生突发事件时可以迅速疏散。紧急解锁与机构锁通过钢丝绳相连接。当操纵紧急解锁时,会使锁钩旋转从而实现解锁,同时触发相应的行程开关,提供门被紧急解锁信号。在紧急解锁装置被拉下来后,如果列车速度大于零速,车门电机将产生一定的车门关紧力,当列车速度为零时车门关紧力消失,此时乘客才能打开车门。

当单个车门由于门机构或电气故障不能投入运行或车门出现故障不能及时修理时,司机需要单独停止故障车门工作,使用的装置为位于门机构装置内的隔离锁闭装置。在操作时,用四方钥匙将车门隔离锁从"复位"转动到"隔离"位,使驱动机构机械锁闭,同时触发行程开关,将隔离信号传至电子门控单元(EDCU),提供门被隔离锁闭信号;同时,EDCU自动切断该车门的控制回路,点亮隔离指示灯,并向列车计算机报告该车门退出服务,保证车辆的正常运行工作。

2) 电气控制部分

电气控制部分包括电子门控单元(EDCU)、行程开关、控制电路等。

电子门控单元也称门控器,每扇车门均配备一套独立的门控器,实现对每一扇车门的单独控制。门控器是车门的"大脑",除了负责根据司机的开门与关门指令来控制门扇的开启与关闭动作外,它还能实现车门状态及故障的监控和显示、控制开关门速度、进行障碍物探测等。

电动车门控制原理如图2-3所示。

EDCU可编程序控制器由电源电路、输入电路、中央处理单元、输出电路、保护电路组成。

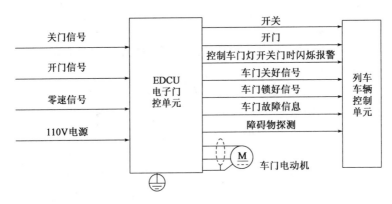

图 2-3 电动车门控制原理

电源电路的输入为 DC110V，内部经直流变换给微处理单元及相关电路提供适用电源。输入电路接收输入信号，输入信号来自驾驶操作台，开门信号、关门信号、零速信号，经输入电路整形滤波后，送入中央处理单元。中央处理单元主要完成存储、逻辑运算、顺序控制、定时控制、延时控制及软件抗干扰等。中央处理单元能根据车门实际工况确定的输入信号决定各输出信号，还可以下载储存信息（如故障信息）用于维护，可上传新软件。

输出电路用光电隔离方式实现高低电压的隔离和驱动功率放大，因而可直接驱动电动机、断路器等各类负载。输出信号有车门开关状态信号、关好门/锁好门信号、电动机驱动信号、车门遇障碍及故障信号等。

保护电路则用于处理车门状态不到位的各种故障保护、信号显示、车门状态提示等，监控电路监控车门在故障情况下继电器不能输出。

车门电动机采用直流永磁电机，EDCU 输出 PWM（脉冲宽度调制）信号稳定地控制电动机的转矩及速度，使车门的运动快速、平稳。开关门均具有二级缓冲功能，车门在接近全开或全关时转为低速，其余区段为高速运动。高、低速区段通过软件设定，正常开关门时间通过软件调节，电动机输出有过电流保护并能自动恢复。

2. 车门控制系统故障应急处理案例分析

案例一：全列车门打不开的应急处理（相关资源参见二维码 07）

（1）故障现象。

二维码 07

列车使用自动驾驶模式运行、门模式采用"半自动"（即车门自动开、手动关）时，进站停稳后，操纵台上的"门允许灯"不点亮，全列客室车门不打开。手动将"门选向"开关扳至站台侧，按下开门按钮，列车车门仍然没有反应。

（2）故障分析。

控制"门允许灯"电源的是车载信号发出的左门使能或右门使能信号。门使能信号发出的条件为：

①DC110V 电源正常；

②车载 ATP 状态正常；

③列车安全停稳；

④列车停在规定位置。

若这些条件不满足,即使司机按下开门按钮,车门也不会打开。

如果列车未对准停车标停车,需要司机手动驾驶列车直到对标停稳;如果门控制电源断开,需要检查并闭合相应保险开关;如果是车载 ATP 故障导致"门允许灯"不亮,则需要切除 ATP。

当切除车载 ATP 后,控制"门允许灯"电源的是车辆提供的零速信号,即 5km/h 继电器得电吸合。若该继电器因故不能吸合,那在切除车载 ATP 的基础上,还需要通过短接电路的方式绕开故障继电器,使用的开关为"零速旁路"。

(3)故障处理。

①反复按压开门按钮,检查是否有卡滞;
②查看"门允许灯"是否点亮;
③查看"门选左/右""门选自动/手动"位置是否正确;
④查看"车门控制"开关是否跳闸;
⑤转 URM 模式,按开门按钮开门;
⑥闭合对应开门侧"左门零速旁路"或"右门零速旁路"开关;
⑦闭合"门隔离开关"尝试开关门(在信号控制模式下,开关门操作后,需将此开关重新断开,否则车辆没有牵引),如不能开门,可到后端司机室将"门选左/右"开关打到对应侧后,按开门按钮开门;
⑧关闭所有负载,降弓断蓄电池重启后再次操作开门按钮;
⑨手动紧急解锁开门,立即清客下线。

(4)注意事项及要点总结。

全列车门打不开的故障,严重影响正常运营秩序。司机在进行手动开门作业的同时,务必向乘客说明有关故障的处理情况。若在早晚高峰期间出现此类故障,不仅影响本线的运营,对整个城市轨道交通网络的运营也将产生不可估量的影响。因此必须掌握一定的方法,快速进行处理。

首先要仔细观察故障现象。与车门相关的信息指示有很多,如:表示车载 ATP 状态的信号显示屏、表示列车停靠位置的对位图标、表示列车门使能信息或零速信息是否给出的"门允许灯"、表示开门方向的"门选向"开关、表示车门控制电路电源的 DC110V 电压表、表示操作按钮电源的 DC24V 电压表、表示车门控制电源是否闭合的保险开关等。

其次要快速准确判断故障原因。若发现"门允许灯"不亮,就要想到列车是否对标停车、车载 ATP 是否故障,然后进一步观察信号显示屏的显示,发现异常果断申请切除 ATP 试验开门;排除车载 ATP 的原因后,要进一步查看车辆继电器、开关是否故障,通过观察电源控制开关或 DC24V 电压表等,判断控制电源是否出现故障。

最后要果断正确处置。能直接判断故障原因时,可以操作响应的开关予以处理;不能直接判断故障原因时,就需要通过试验来恢复故障。例如:"门允许灯"故障的情况下,难以直接判断故障点,要先试验手动模式开门;"门选向"开关故障时,无法直接判断,要试扳几次再开门;"开门按钮"故障时,可以试验另一对侧墙按钮;车辆零速继电器故障,不能看出现象,只能通过短接零速旁路的方式试验。

案例二：全列车门关不上的应急处理

(1) 故障现象。

司机按下"关右门"按钮后，全列右侧车门无动作，列车监控显示屏上右侧车门光带仍然显示车门开启的颜色：黄色。

(2) 故障分析。

影响列车关门作用的开关或部件有：DC110V 控制电源、车门控制保险开关、"门模式选择"开关、"门选向"开关、关门按钮、连接线等。因此，当发生全列车门关不上的故障时，可以首先从以上开关和部件中查找原因。

(3) 故障处理。

全列车门关不上的应急处理见表 2-5。

全列车门关不上的应急处理 表 2-5

序号	故障检查	故障处理
1	检查"门模式选择"开关	确认扳至"手动(MM)"位
2	检查"门选向"开关的位置	确认打至站台侧，反复扳动试验
3	检查关门按钮	确认关门按钮操作正确，反复按动几次（可先后试验操纵台上和侧墙上的按钮）
4	检查车门再开闭按钮	使用再开闭按钮尝试关门
5	检查车门控制保险开关	将开关断开后再闭合进行关门试验；若该保险连续跳开，换到尾端驾驶室进行试验
6	仍关不上门时	将钥匙开关扳至"OFF"位将车门关闭；否则更换操作台重复上述步骤进行试验，能关门后与行车调度员联系立即清客掉线；若更换操纵台仍不能关门，与行车调度员联系立即清客掉线，手动关门

(4) 注意事项及要点总结。

在处理中，注意首先将"门模式选择"开关置于"手动(MM)"位，这时才能使用关门按钮进行关门作业。"门模式选择"开关是选择列车车门自动操作或手动操作的部件。当司机选择"自动(AA)"模式时，列车门由车载信号系统控制，不需要人工干预。如果车载信号系统故障，则不能自动完成关门作业。

在开门状态下闭合车门控制保险开关时，车门会自动关闭，但无防挤压功能，同时列车门开好灯常亮。在执行此项操作时，密切注意乘客乘降情况，并通过广播进行提示，防止夹人。

更换操纵台时，注意先将操纵端的驾驶台置于未激活状态，将钥匙拔出，以免两边的驾驶室发生抢头(同时激活)的情况。

对于有站台屏蔽门的站台来说，列车车门的打不开或关不上可能会影响站台屏蔽门的开关，这时司机需要通过操纵站台屏蔽门的就地控制盘(local control panel, PSL)来手动打开或关闭站台屏蔽门。

案例三：单节车门打不开的应急处理

(1) 故障现象。

司机在站台进行开门作业时,发现有一节车厢的门不动作。
(2)故障分析。
车门的开门动作需要三个条件:
①零速信号;
②门使能信号;
③开门指令。
当这三个条件都满足的时候,门控器才操纵车门驱动电机旋转,并通过传动机构带动左、右门板打开。
门控器本身的工作需要 DC110V 电源,由本车车门电源保险开关控制,即门控器电源线通过本车门保险与 DC110V 电源连接。
(3)故障处理。
单节车门打不开的应急处理见表2-6。

单节车门打不开的应急处理　　　　　　　　　　　　　　　　表2-6

序　号	故　障　检　查	故　障　处　理
1	检查开、关门按钮	反复按动开、关门按钮1~2次,可更换使用侧墙上的开门按钮
2	检查故障车控制柜内的本车门保险	跳开后将其闭合试验
3	若本车门保险连续跳开闭合不上	与行车调度员联系,按其指示办理

(4)注意事项及要点总结。
单节车门打不开时,注意广播通知故障车内乘客利用其他车厢车门下车。当客流较大时,应快速使用紧急解锁装置开启相应车门。
单节车门打不开具有偶发性,需要司机在进行开关门作业时注意观察列车监控显示屏的门光带显示及开关门指示灯显示,以免出现故障而未能及时发现,影响乘客出行,造成负面影响。

案例四:单个车门关不上的应急处理

(1)故障现象。
单个车门关不上,列车监控显示屏的门光带显示故障门非正常色,同时操纵台上的开门灯亮。
(2)故障分析。
车门传动原理:
以客室侧门为例,门控器得到开、关门指令,驱动电机得电旋转,旋转通过锥齿轮减速箱变向及减速,输出到电机齿带轮,电机齿带轮旋转带动齿带动作,从而使齿带在齿带轮之间进行直线运动。齿带在做直线运动的过程中,通过齿带夹带动左右两个门吊板组成在安装底板的导轨中做方向相反且同步的运动,进而门吊板组成将运动传递给左右门板,使其在门框范围内进行开、关动作。

先期预判断原因：

导致单个车门关不上的原因可能是电气原因，也可能是机械原因。电气原因包括列车监控显示屏显示不正确、门控器故障、门驱动电机故障、接线不良等；机械原因有门板异常、门滑动装置卡滞等。当出现防挤压动作时，多是由于门板运行受到阻碍，如书包带进入侧墙、纽扣落入滑槽等。

根据故障现象，可以判断故障可能原因如下：

①门控器发生故障；

②驱动电机发生故障；

③车门导轨下有异物（如乘客丢弃的杂物）造成卡滞；

④车门夹物，防挤压功能启动；

⑤车门齿带断开，无法进行关闭；

⑥由于乘客过多，拥挤造成车门门扇变形；

⑦车门运行部件故障。

(3) 故障处理。

①再次进行关门试验，反复按动关门按钮或"开闭"按钮1~2次；

②将司机控制器主手柄置于制动级位，通过列车监控显示屏找到故障车门，携带相关工具到达该车厢；

③确认车门下导轨有无异物卡住；

④如车门仍不动作，用钥匙将门端盖打开，断开门控器电源保险；

⑤操作紧急解锁开关手动关门；

⑥操作隔离锁将故障车门隔离；

⑦恢复门控器保险，将门端盖关闭，并进行一次试拉，确认门端盖锁闭；

⑧确认门故障灯点亮，挂好门故障帘；

⑨若手动关门后门扇间距仍大于100mm，应与行车调度员联系，按其指示办理，并做好故障车门的防护。

(4) 注意事项及要点总结。

如果有一个门不能正常工作，就可以通过隔离锁把关门联锁电路接通。

在从驾驶室前往故障门所在车厢时，司机应关好驾驶室侧门，从站台快速到达车厢，在此过程中与行车调度员联系，这样可以节约处理故障的时间。在故障处理的过程中，务必播放广播及携带手持电台，避免行车调度员呼叫时无人应答和乘客投诉。

若确认车门下有异物卡住，在清除异物时要沿着导轨槽往两扇门中间密封条位置移动，以免异物进入门扇两侧车体内，造成车门卡死。

闭合门控器保险时，不宜反复多次闭合。门控器保险对电路施行过载保护，如果跳开后多次强行闭合，很可能烧损电子元件。

手动强行关门时，要断开门控器保险，避免电机反向施加力而影响关门。

手动关门后，要注意将车门电气隔离。如果由于机械卡滞的原因无法进行隔离，行车前需要短接"门旁路"按钮。

门扇间距大于100mm时，影响乘客安全和行车安全，需要通知行车调度员，视情况立即清客掉线。

案例五：门灯不亮的故障处理

(1) 故障现象。

列车到站开门，单节车侧墙门灯不亮，但是通过观察发现该节车门已经开启。

(2) 故障分析。

单节车门开门指示灯电气原理如图 2-4 所示。

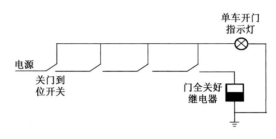

图 2-4 单节车门开门指示灯电气原理

从电路原理来看，单车侧墙门灯点亮的条件是：该节车所有客室车门中有一个未关闭到位，或者任何一个车门开启。

(3) 故障处理。

门灯不亮的故障处理见表 2-7。

门灯不亮的故障处理 表 2-7

序号	故障检查	故障处理
1	列车对标停车，操纵台门允许灯不亮	按下"试灯"按钮，检查门允许灯是否故障；若门允许灯未故障，按照全列门打不开的办法处理
2	列车开门后，操纵台开门灯不亮	按下试灯按钮，检查开门灯是否故障
3	开门灯故障	通过列车监控显示屏上的车门光带仔细确认所有车门开启到位
4	列车关门后，操纵台关门灯不亮	按下试灯按钮，检查关门灯是否故障；若关门灯未故障，则重新开关一次车门
5	关门灯故障	通过列车监控显示屏上的门光带仔细确认所有车门关闭到位。向行车调度员申请终点站掉线
6	列车开门后，车外侧壁门灯不亮	检查该节车车门是否开启到位，若都开启到位，则关门时通过列车监控显示屏仔细确认所有车门关闭到位

(4) 注意事项及要点总结。

门灯故障的概率较小，当故障发生时，会影响司机操作判断。例如：门允许灯故障会影响司机对能否开门的判断，开门灯故障会影响司机对车门是否开启的判断，关门灯故障会影响司机对全列车门是否关闭到位的判断，但以上情况下，司机都可以通过列车监控显示屏、信号显示屏或其他辅助手段来判断列车的状态。

仅门灯出现故障不会影响列车正常操作，司机仍可开关车门和牵引列车。

四、高压回路系统故障应急处理

1. 高压回路系统组成及功能

1）高压电源电路

专门为列车牵引主电路和辅助电源主电路提供 DC750V 或 DC1500V 高压电源的电路，主要供电负载为各动车的牵引逆变器以及拖车的辅助逆变器。

2）母线控制电路

母线电路接通的意义是：在通过断电区时能确保牵引逆变器不断电，从而确保再生制动的稳定性。

3）接地回路

把负载电流安全、可靠地送回电源，从而保证电气系统安全运行。

2. 高压回路系统故障应急处理案例分析

案例一：全列受电弓无法升弓的应急处理

(1) 故障现象。

受电弓选择开关在"全弓"位，司机按压"升弓"按钮，全列受电弓无法升起；列车监控显示屏上显示无网压，逆变器无电压和频率输出。

(2) 故障分析。

受电弓升降工作原理如下：

电动列车多采用气囊驱动的弹簧式受电弓，可以在激活端驾驶室的操纵台上进行升降操作。

升弓时，当列车总风缸压力达到受电弓的额定工作气压时，按下"升弓"按钮，压缩空气就经车内电磁阀、受电弓控制系统进入空气弹簧，空气弹簧膨胀后推动钢丝绳带动受电弓下臂杆运动，下臂杆在拉杆的协助下托起上臂杆及弓头，由于平衡杆的作用，弓头能在工作高度范围内始终保持水平状态，并按规定的时间平稳地升至网线高度，完成整个升弓过程。

降弓时，按下操纵台上的"降弓"按钮，控制系统释放空气弹簧中的压缩空气，受电弓在重力作用和阻尼器的辅助作用下平稳地落到底架上的橡胶止挡上，完成整个降弓动作。整个降弓过程在规定的时间内完成，并且受电弓的运动平稳对底架和车顶无有害冲击。

由受电弓的升弓工作原理不难看出，正常升弓的条件如下：

①操纵台激活；

②总风缸压力达到最小工作气压；

③控制电压达到最小工作电压；

④没有使用车间电压供电。

这些条件有一项不满足，即可能产生受电弓不能正常升起的故障。

(3) 故障处理。

①按压升弓按钮 2~3 次；

②通过列车监控显示屏检查列车激活状态是否正常；

③检查列车总风缸压力是否低于 300kPa；若低于 300kPa 但蓄电池电压在 84V 以上时，按压"升弓泵启动"按钮，待列车监控显示屏上"不可升弓"图标消失后，重新按压"升弓"按钮；若蓄电池电压不足，则不进行升弓；

④若仍不能升弓，检查受电弓控制保险是否闭合：若跳开，则重新闭合；若保险无法闭合，换端进行试验；

⑤以上检查确认列车激活状态、总风缸压力、保险均正常时，换端操作试验；

⑥换端试验无效时，将情况报告，等待检修人员处理。

(4)注意事项及要点总结。

受电弓是否成功升起、接触到电网，可以通过网压表电压显示来确认。以上所介绍的全列受电弓无法升起的故障应急处理中，在总风缸压力不足但蓄电池电压足够的情况下，采用"升弓泵启动"按钮操作辅助风泵，使一个动车(M_p 车)的受电弓先升起，继而升起其余受电弓。

此外，在车内还设有脚踏升弓装置，如图 2-5 所示。操作时，需先按下"升弓"按钮，再踩脚踏泵机械升弓。

图 2-5　脚踏升弓装置

案例二：单车牵引无流的应急处理高速断路器(HB)不能合上

(1)故障现象。

高速断路器(HB)不能合上(TMS 显示 HB 为灰色)。

(2)故障分析。

高速断路器在城市轨道交通车辆上主要作为车辆电气系统的总开关和总保护，可以实现电源的接通与切断控制，是一种能对电路进行控制(分断、闭合)和保护的高压电器。当高速断路器闭合时，车辆将获得由受电弓(或集电靴)从接触网(或第三轨)引入的电源，使车辆得以投入工作。若主电路发生短路、过载、接地等故障时，通过相关控制电路使高速断路器自动断开，切断车辆总电源，以防止故障范围扩大。

在列车运行过程中，除上述故障外，使高速断路器自动跳开的原因还有列车超速、列车牵引系统出现故障、网压过压或欠压、线路过流及 ATP 系统故障等。

(3)故障处理。

①如果全列车高速断路器合不上，检查网压是否达到 1000～1800V；

②如果单个高速断路器合不上,检查并断合故障动车 VFBN 和 HBN 本车控制电源开关;
③降弓后断蓄电池,再重新操作一次;
④若以上操作均无效,按相关规定报车场调度员处理。

五、辅助电源系统故障应急处理

1. 辅助电源系统组成及控制原理

1)辅助电源系统

辅助电源系统是为城轨车辆的客室照明、风扇、空调、电器及控制装置提供电源的基础系统,能将接触网或接触轨的 DC1500V 或 DC750V 电逆变,输出三相 AC380V、频率 50Hz、有电隔离的交流中压,还能经整流器整流后输出 DC110V 和 DC24V 的直流低电压。

辅助电源系统的运行独立于列车牵引系统,主要由辅助逆变装置(以下简称 SIV,含逆变器、DC110V 充电机与 DC24V 电路)、辅助断路器、辅助熔断器、整流装置、扩展供电装置、蓄电池箱等组成。列车在正常运行状态时,使用的辅助电源由辅助逆变器提供,列车起动时或列车不能使用辅助逆变器的紧急情况下,辅助电源可以由列车蓄电池来提供。

2)辅助逆变装置(相关资源参见二维码 08)

每列车配有两套辅助逆变装置(Static Inverter,SIV)对列车供电,以及两组蓄电池供紧急情况下使用。辅助逆变器采用绝缘栅双极型晶体管 IGBT 开关元件,其容量为 1700V/1200A,输出稳定的三相 AC380V 电源;经整流器整流出 DC110V 和 DC24V 电源。

二维码 08

辅助电源系统具有扩展供电的功能。扩展供电箱内安装有用于实现扩展供电功能的接触器、继电器和传感器。正常情况下,一组列车由两台辅助逆变装置 SIV 为整个列车提供电能,每个 SIV 只给它所在的单元供电。扩展供电功能是指两组辅助电源系统通过扩展供电箱进行冗余,在其中一台 SIV 发生故障的情况下,可由另外一台 SIV 通过扩展供电电路,为全列车提供负载供电,此时空调系统压缩机减载运行。

3)蓄电池

可作为牵引制动控制电路、辅助控制电路、开关门电路及直流照明、ATP、通信、广播设备等 DC110V、DC24V 负载的备用电源。

正常情况下,蓄电池是 SIV 的启动电源;列车在无网压时,蓄电池的容量能够供给列车客室应急照明、紧急通风、车载安全设备、广播、通信系统等工作 45 分钟,即可作为牵引制动控制电路、辅助控制电路、开关门电路及直流照明、ATP、通信、广播设备等 DC110V、DC24V 负载的备用电源;当网压恢复时,蓄电池电压能保证辅助逆变器的启动。蓄电池组有短路、过流和欠压等保护,在恒定的直流电压下充电。

2. 辅助电源系统故障应急处理案例分析

案例一:一个辅助逆变器 SIV 故障

(1)故障现象。

一个辅助逆变器 SIV 故障,如图 2-6 所示。

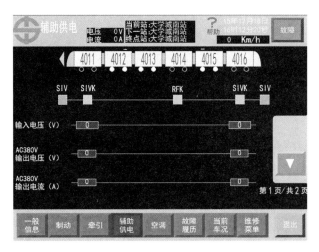

图 2-6 列车监控显示屏的故障显示

（2）故障分析。

在正常情况下，当 SIV 长时间未检测到高压电输入时，高速断路器断开主回路，TCMS 控制扩展供电接触器 RFK 闭合，启动扩展供电功能。

在故障情况下，TCMS 监控扩展供电的原理如下：通过采集 SIV 逆变器的三相交流电的输出来判断是否需要启动扩展供电，当检测到一边的 SIV 故障，TCMS 会发出指令使得扩展供电控制继电器得电，从而闭合处于扩展供电控制电路触点；当扩展供电接触器 RFK 得电，其所有触点闭合后，其中一个触点将给 TCMS 发送电信号，表明扩展供电已经工作，也就是说 TCMS 通过采集 RFK 触点电信号来判断扩展供电功能。

本案例中，扩展供电未启动，从故障现象来看，未启动的原因属于通信不良，即 TCMS 对扩展供电的监控通信中断。

当一台 SIV 不能自动恢复时，需要进行人工复位或者重新启动 SIV 控制电源。

（3）故障处理。

①TCMS 弹出一台 SIV 故障的提示框，按 TCMS 的提示按动"复位"按钮；

②检查列车监控显示屏辅助电源画面：确认输入电压是否正常、确认列车是否在无供电区域；

③TCMS 无故障提示或按提示处理无效时，断开单台 SIV 的控制保险后，闭合试验；

④检查风压显示：若风压过低，及时启动空压机强制泵风；

⑤经过上述步骤仍处理不好时，与行车调度员联系终点站掉线回段。

（4）注意事项及要点总结。

单台 SIV 的故障一般是由控制电路故障导致，或者控制电源开关跳闸、继电器故障等导致，司机应首先检查 SIV 控制电源的相关开关和继电器的电路。

SIV 的运行状态由 TCMS 进行监控，当 SIV 出现故障时，列车监控显示屏会主动弹出故障提示，以便司机及时发现故障并进行应急处理。

当一台 SIV 故障时，列车仍能够通过扩展供电为全列车提供必要的电能，此时故障车的空调将减载运行，进入应急通风的状态，故障车的照明减载，进入应急照明状态。

一台 SIV 无 AC380V 输出，会影响该 SIV 负责的空压机的运转。列车有两台空压机来提供制动系统所需要的风源,两台空压机按照单双日期交替工作。主空压机工作时,辅助空压机处于备机状态。

在处理 SIV 故障的过程中,司机应当密切关注风压表的显示和空压机的状态。低于 750kPa 时,主空压机应当启动泵风,如果发现未及时启动,司机需要立即进行强制泵风。出现 SIV 故障致使一台空压机不能工作时,需要立即向行车调度员申请掉线,回段过程中时刻观察风压变化。

案例二:两台 SIV 故障的应急处理

(1)故障现象。

两个辅助逆变器 SIV 轻微故障(TMS 显示两个 SIV 输出都为 0),如图 2-7 所示。

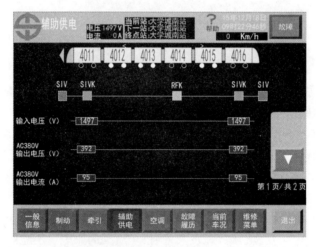

图 2-7　列车监控显示屏的故障显示

(2)故障分析。

当满足以下条件时,辅助电源系统启动:

①无重大故障或轻微故障;

②接触网电压高于 DC1200V,低于 DC1800V;

③辅助供电系统控制电路施加了 DC110V 电压。

在以下条件下辅助供电系统将停止(不包括故障条件下停止),此时所有闸极信号和接触器/继电器信号立即都被关闭:

a. 接触轨电压低于 DC1200V;

b. 断开 DC110V 控制电压。

列车蓄电池在没有可用的 DC110V 电源为其充电时,将切换至放电状态。正常情况下蓄电池可以为列车照明、应急通风、广播、监控等提供 45 分钟电能。

蓄电池故障或放电过多导致电量低时,列车各系统的控制模块欠压待机,无法正常运转。列车蓄电池消耗完电能,则列车完全停机,停放制动施加。

(3)故障处理。

①检查网压是否正常;

②检查继电器柜内"SIV控制"开关(左)是否断开；
③检查继电器柜内"SIV控制"开关(右)是否断开；
④重新按下"SIV启动"按钮；
⑤降弓重启列车，如未恢复，申请救援。

(4)注意事项及要点总结。

日常辅助电源系统的检查要点如下：

①检查辅助电源装置箱体外部有无损伤，检查固定螺栓有无松动现象，连接有无破损、防水装置是否良好；

②辅助逆变器控制逻辑部件安装牢固、接线无松动、各板卡插线良好、光缆无压折；

③检查接触器灭弧罩的安装状态是否正常，内部应无烧损突起物，主触点接触面无烧蚀；

④检查温度传感器安装状态是否正常，检查蓄电池控制接触器、扩展供电接触器接线及外观是否良好；

⑤检查功率单元的散热片表面是否清洁。

六、空气制动和风源系统故障应急处理

1. 电动列车空气制动及风源系统

1)电动列车风源系统的作用与组成

电动列车风源系统包括空压机组、软管、安全阀、空气干燥器、风缸、截断塞门和压力传感器等。

风源系统为制动及其他用风设备(如空气弹簧)提供压缩空气，风源系统中最重要的设备是由三相380V交流电驱动的活塞式空气压缩机或螺杆式空气压缩机。空压机是整个风源系统的核心部件，没有空压机就没有风源。

列车的两台空压机有一台为主空压机。当总风压力低于680kPa时，两台空压机同时启动打风，直至总风达到900kPa停机。若空压机启动时总风压力大于680kPa、小于750kPa，则主空压机启动开始打风直至总风压力达到900kPa停机。若空压机启动装置初次通电时总风压力高于750kPa，两台空压机都不工作。空压机启动装置使用压力开关监测总风压力信号。

2)空气制动管路系统

空气制动管路系统由供气部分、控制部分、执行部分组成。

3)空气制动控制单元

空气制动控制单元是气制动的核心。它接受制动电脑(EBCU)的指令，然后指示制动执行部件动作。其主要组成部分有模拟转换阀、紧急阀、称重阀、均衡阀。这些部件安装在一块气路板上，还设置了测试接口。

2. 电动列车空气制动及风源系统故障应急处理案例分析

案例一：空压机不启动的应急处理(相关资源参见二维码09)

(1)故障现象。

二维码09

双针压力表显示列车总风缸压力过低，检查空压机启动开关位置正常，空压机不工作。

(2)故障分析。

空压机工作原理:

当一个空压机的制动控制电子单元接受来自列车磁通信号程序的空压机的信号,该空压机运作采用常用模式;当它没有收到主空压机的信号时,则该空压机采用辅助模式。当驾驶室没有被激活时,则采用最近采用常用模式的空压机作为常用模式。

在正常运行中,如果压力低于启动极限,空压机就开始启动,当压力下降到辅助极限时,第二个空压机被启动。如果有一个空压机出现故障,则第二个空压机在常用模式运行下能完全供应整个列车压缩空气。

导致空压机不启动的可能原因如下:

①空压机启动开关位置不正确;

②相关保险跳开;

③空压机控制电路故障;

④空压机故障;

⑤空气管路故障,导致压缩空气泄漏;

⑥辅助电源系统故障,导致空压机工作电压不正常。

(3)故障处理。

①检查列车辅助电源系统输出是否正常;

②按下"强制泵风"按钮试验,若空压机开始工作,应先维持运行再进行后续处理;

③检查空压机启动/切除开关位置是否正确,若不正确应扳至正确位置;

④检查空压机控制保险是否正常,若断开将其闭合;

⑤到另一端驾驶室进行空压机启动试验;

⑥若仍不好,应到中间车检查相关空压机控制保险是否正常;

⑦若不能恢复正常,应立即报告行车调度员,申请退出运营,运行中要时刻注意风压。

(4)注意事项及要点总结。

司机在处理过程中应密切注意观察空压机的工作状态,通过列车监控显示屏不能确认空压机的工作状态时,应注意观察总风缸压力是否上升,防止因为列车控制网络故障造成列车故障的误判断和误处理。

当总风缸压力低于450kPa时,列车将逐渐产生停放制动,这时必须向行车调度员申请救援,严禁强行牵引列车运行,防止故障扩大。

案例二:空气管路泄漏的应急处理

(1)故障现象。

两台空压机处于正常工作状态,但列车总风缸压力不上升。

(2)故障分析。

确认列车空压机工作,双针压力表显示列车总风缸压力不能上升或有下降现象,通过耳听的方式发现列车有总风泄漏现象。

(3)故障处理。

①两台空压机当前的工作状况能维持列车运行时,司机报告行车调度员后,驾驶列车尽快

退出运营,就近驶入库线。

②司机判断当前两台空压机的工作状况不能维持列车运行时,到车下通过耳听的方式查找出故障车。若总风泄漏导致列车产生紧急制动,应闭合紧急制动短路开关,限速 30km/h 运行。若总风泄漏导致列车产生停放制动,应将故障车两端相邻车总风塞门关闭,并将故障车停放制动手动缓解。

③若故障不能排除,司机视情况向行车调度员申请救援。

(4)注意事项及要点总结。

空气管路漏风是常见、多发的问题。有些泄漏在安静的环境下可以听到,但微小的泄漏需要用工具来检测。一般是调配一些稀释的肥皂水,用毛刷蘸少许涂在各管路的螺纹连接处,挨个排查找漏。找到漏点后,紧固泄漏处管路螺纹连接处的螺母,再用肥皂水检查泄漏。如果仍出现漏风现象,排完相近风缸和管路中的压缩空气,松开螺纹连接,在螺纹前 3~5 个螺距部分涂上管螺纹密封胶,再行紧固。如果泄漏现象消失,恢复各塞门。需要注意的是,在用肥皂水排查各管路连接处的同时,凡擦拭肥皂水处,检查完毕后,务必用干抹布擦净肥皂水的残留液。

七、广播及乘客信息系统故障应急处理

1. 广播及乘客信息系统组成及功能(相关资源参见二维码 10)

1)列车广播系统

二维码 10

列车广播系统具有全自动广播、半自动广播、人工广播、紧急广播、司机内部通信和乘客紧急报警等功能。

2)乘客信息显示系统(PIDS)

乘客信息显示系统能提供城市轨道交通乘车须知、服务时间、列车到发时刻、公告、出行参考、媒体新闻、娱乐、广告等实时动态多媒体信息,在发生灾害或紧急情况下(如火灾、爆炸、恐怖袭击等)进行引导,以指挥乘客疏散,调度工作人员抢险救灾、减少损失。

3)视频监控系统(CCTV)

视频监控系统通过摄像机拾取视频信号经车辆接口单元编码后,通过系统网络传输至驾驶室视频控制器内存储并在视频监视器上显示,供司机实时监视客室内情况及数据备案查询;通过无线 PIS(列车广播系统)交换机与地面无线通信系统接口将监视图像传到控制中心,供中心值班人员实时监视运营列车上的情况。

2. 广播及乘客信息系统故障应急处理案例分析

案例一:自动广播不报站的应急处理(相关资源参见二维码 11)

(1)故障现象。

二维码 11

激活驾驶端广播不能自动报站,将广播主控端更换到尾端驾驶室后也不能报站。

(2)故障分析。

列车广播系统具有自动播报功能,其余每辆车广播控制电路均相似。DC110V 电源输入后,经过头尾车开关、门关闭继电器得电闭合、ATP 输出、30SDR 继电器得电闭合(闭合条件为

$v<30\text{km/h}$)等共同作用,由广播系统控制器输出指令,经过音频处理器,将信息发送到终点站显示、客室显示等单元。

广播系统在列车运行过程中,向乘客实时提供到站、换乘、开关门、紧急信息等,但因其系统稳定性、设备故障、电路故障、通信故障灯原因,会造成自动播报失效、不报站、报站错误等故障。

可能导致故障的原因如下:
①TCMS系统提供的信号(如速度、目标距离、开关门操作)有误,未触发广播系统;
②广播系统程序运行出现错误;
③广播系统通信控制器出现故障。

(3)故障处理(表2-8)。

自动广播不报站的应急处理 表2-8

序 号	故 障 检 查	故 障 处 理
1	检查广播控制器是否正常	手动按"开始"键,查看是否报站
2	检查列车广播保险是否跳开	可以进行一次断、合,然后查看功能是否恢复正常,若能恢复,可以判断为列车广播瞬时故障;若不能恢复,改为人工广播
3	人工广播也无法使用	将情况报告行车调度员,按其指示进行(下一站清客掉线或终点站掉线)

(4)注意事项及要点总结。

列车广播系统是为乘客提供服务的工具之一,更要加以重视,在列车运行过程中应认真监听。广播发生故障后司机必须及时处理,并通过人工广播向乘客做好解释,以免造成负面影响。

若司机手动按"开始"键后恢复报站,可以判断驾驶室与客室之间的广播通信正常,故障可能在于驾驶室广播控制器未检测到开门信号(控制自动报站功能)或列车速度信号(控制自动预报站功能),导致自动广播功能失效。这种现象一般为接口板故障造成,可以通过更换故障端驾驶室音频控制器内的接口板来排除,再进行动车试验检查自动预报站或自动报站功能是否恢复正常。

两端驾驶室均不能进行自动广播但是可以使用人工广播,这种情况的故障点可能是广播模块故障或广播控制板虚接,需要在掉线后由检修人员使用万用表及相关工具、仪表进行测量,检测电路中各触点状态,确认具体故障点。

若人工广播也无输出,可能的原因是广播控制器模块故障或广播中央控制器故障。

案例二:客室LCD屏不显示的应急处理

(1)故障现象。

客室所有LCD蓝屏(或黑屏),地图没有通信,无声音,无监控图像。

(2) 故障分析。

首先检查电源是否正常,检查线路和网络接口是否正常,检查开关位置是否正确。其次检查软件是否正常。如果某一故障出现多次,并且在系统重新启动后故障消失,可以判断为是软件运行的问题,应考虑刷新软件。

此外,PIDS 系统的故障多发生于驾驶室通信板、驾驶室音频板、客室音频板、DC110V/DC12V 电源、DC110V/DC24V 电源等。在日常检查和维护过程中要特别注意上述器件备品的质量,做好随时更换的准备。

全列车所有 LCD 屏都不显示可以判断是客室网络接口故障,或片源没有发出,或片源与分频器之间的信号线连接故障。

(3) 故障处理。

尝试重启 PIDS 电源保险开关,若不能消除故障,报相关部门进行检查和维修。

(4) 注意事项及要点总结。

PIDS 系统故障时,一般先通过重启电源来恢复故障;若是内部模块、接线或通信的问题,则需要由车辆检修人员来核查和完成。

全列客室 LCD 屏不显示(蓝屏或黑屏)有可能需要更换 DC110V/DC12V 电源。若是单个 LCD 显示屏不显示(蓝屏或黑屏),则可能是由于信号传输受干扰,也可能是因为内部模块故障、网络接口故障,或电源、连线故障。在处理时,检查该 LCD 显示屏的电源线和 VGA(视频图形阵列)线插头座是否牢固(操作时注意插拔的力度,避免用力过大过快,造成对人员的划伤或模块损坏),若确认为电源故障,则更换与该 LCD 相连的电源盒;若电源无故障,则更换编解码器、更换视分板。若单车的 LCD 显示无法与其他车同步动作,则可以判断为是该车车辆网络接口电源故障。

八、走行部故障应急处理

1. 走行部(又叫转向架)组成及功能

二维码 12

1) 转向架的结构(相关资源参见二维码 12)

城市轨道交通车辆的转向架一般采用二轴构架式转向架,并普遍采用无摇枕结构。每个转向架的两个空气弹簧支承着车体的重量,能有效降低振动和冲击,使乘客的乘坐更加舒适。一系悬挂主要有金属螺旋弹簧、人字形橡胶弹簧或圆锥形金属橡胶弹簧三种结构形式,可使转向架安全地通过不规则的线路,减少车轮通过曲线时的磨耗,同时确保车辆的稳定性。二系悬挂位于车体与构架之间,普遍采用空气弹簧加橡胶金属层叠弹簧构成,使列车获得良好的垂向性能和横向性能。在车体和转向架之间采用牵引拉杆传递牵引力和制动力。

2) 转向架的功能

支承车体,承受并传递来自车体与轮对之间或钢轨与车体之间的各种载荷及作用力,并使轴重均匀分配;保证必要的黏着,适应轮轨接触状态的变化,把轮轨接触处产生的牵引力传递给车体、车钩缓冲装置,传递牵引力和制动力;保证列车安全沿着轨道运行及顺利通过曲线;便于弹簧减振装置的安装,缓和线路不平顺对列车的冲击,以确保列车具有较好的运行平稳性和稳定性;悬挂装置可根据客流的变化调整其刚度,以保证列车的客室地板面与站台面的高度相协调,方便乘客的乘降;对动力转向架来说,还要便于安装牵引电机及传动装置,以提供驱动车辆的动力。

2.走行部故障应急处理案例分析

转向架主要故障有构架裂纹、轮对踏面异常磨耗、轴箱异音、牵引装置故障、齿轮箱漏油、高度调整杆松动或脱落等问题,故障产生的原因既有结构设计上的,也有制造工艺和材质选用以及安装质量上的。

案例:车轮不转的应急处理(相关资源参见二维码13)

(1)故障现象。

列车运行中有较强后缀感,降速快,在下坡道上不带闸停留时列车不溜车。

二维码13

(2)故障分析。

导致车轮不转故障的原因可能是单元制动装置将轮对卡死;若是动车转向架的车轮不转,那么原因也可能是驱动装置出现问题。TCMS(Train Control and Management System)列车控制与管理系统提供的信号(如速度、目标距离、开关门操作)有误。

(3)故障处理(表2-9)。

车轮不转的应急处理　　　　表2-9

列车监控系统未显示异常	列车监控系统显示异常
(1)司机找出故障部位,查找故障原因并排除。无法排除时,将故障车 VVVF 电源保险开关断开。在保证安全的情况下,低速维持运行,立即申请就近入库或清客回段; (2)双司机工作时,副司机在故障点监视故障部件变化,发生危及行车安全时要及时通知司机; (3)故障发生在动车时,将故障车电气控制柜牵引、制动控制保险开关断开,低速运行,尽快驶入库线; (4)有条件的情况下,对故障车车轮进行滴注润滑脂或肥皂水	(1)司机根据列车监控显示屏显示,对故障车进行单元切除,找出故障处所,尽可能查出故障原因并进行处理。如果查明是列车带闸问题,则按制动不缓解处理; (2)无法排除故障时,在保证安全的情况下,低速维持运行,立即向行车调度员申请就近入库或清客回段

(4)注意事项及要点总结。

车轮发生机械故障造成不转的情况较少,但影响巨大,可能会造成严重后果,对车辆、钢轨均有较大伤害,钢轨、车轮均会有擦伤,车辆会出现较大异音异味。通常情况下,列车在停车制动时,如果施加的制动力大于正常的黏着力,轮轨间黏着关系遭到破坏,车轮就会被单元制动装置(闸瓦或制动夹钳)抱死,列车在钢轨上出现打滑现象。轮轨间的剧烈摩擦使轮对踏面形成近似椭圆形的伤痕,这就是轮对擦伤。摩擦产生的高温使踏面金属组织变硬变脆,在列车轮轨多次载荷冲击作用下,较浅的擦伤可能由于钢轨磨耗而消失,较深或多次反复擦伤可能发展为踏面剥离,严重降低车轮使用寿命。

司机若判断故障为车轮不转,不可盲目运行,应及时与行车调度员联系,按其指示办理。

单元二　信号设备故障应急处理

一、道岔故障应急处理

1. 道岔概述

道岔是一种使机车车辆能从一股道转入或越过另一股道的线路连接设备,大量铺设在车站内,以满足各种作业需要。

如图 2-8 所示,以普通单开道岔为例,道岔由转辙器部分、连接部分和辙叉及护轨部分组成。

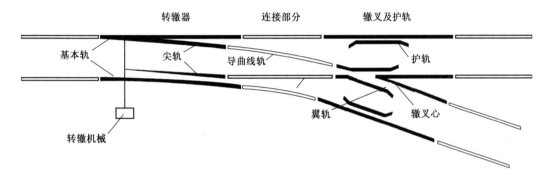

图 2-8　普通单开道岔的组成

1)转辙器
功用:引导机车车辆的行驶方向。
组成:两根基本轨、两根尖轨、联结零件、道岔转换设备。
2)连接部分
连接部分是转辙器和辙叉之间的连接线路。连接部分包括直连接线和曲连接线部分(导曲线)。
3)辙叉与护轨部分
辙叉由翼轨和心轨(辙叉心)组成。
护轨制约车轮走向,使之安全通过"有害空间",避免走向异侧或撞击心轨。护轨中间部分为平直线,与基本轨平行;为使车轮轮缘能顺利进入护轨轮缘槽,在护轨平直段的两端设置缓冲区。

2. 道岔故障应急处理方法(相关资源参见二维码14)

1)道岔故障时应急处理的基本方法
城市轨道交通运营过程中发生的道岔故障主要表现为道岔失去正常的定反位表示和道岔转不到位。道岔失去正常的定反位表示时,从设备上无法保证道岔

二维码14

的尖轨和基本轨处于密贴状态，从而无法保证列车的安全运行，因此需要采用人工对道岔加锁的手段来保证列车运行的安全。发生道岔转不到位时，行车调度员或车站值班员取消已排列进路，来回转动道岔数次故障才能消失，如果故障未消失，也需要采取人工对道岔加锁的方法。

行车指挥人员在确认道岔故障后，应立即命令维修人员及时抢修，尽快恢复被损坏的道岔设备，最大限度减少设备故障对运营的影响。根据对运营工作影响的大小和应急处理方法的不同，一般把道岔故障的应急处理方法分为站线道岔故障应急处理和折返线道岔故障应急处理。

(1)站线道岔故障的处理方法。

站线道岔故障时，行车调度员一般都会要求车站将故障道岔开通定位并加锁以保证列车在正线的运行。根据道岔和站台的位置关系又可将处理方法分成两种情况，一种情况如图2-9a)所示，列车进站前突发道岔故障，此时行车调度员会命令司机停车待令，随后将LOW控制权下放给车站，车站的行车值班员派遣站务人员到现场把故障道岔的电动转辙机手摇转换到定位，并用钩锁器锁闭。进路准备完毕后，由行车调度员指挥受影响列车的司机以RM模式谨慎驾驶通过故障区域，到达车站上、下客后恢复正常行驶。

另一种情况如图2-9b)所示，列车从车站出发前，前方进路上的道岔转辙机突发故障，此时行车调度员会命令司机在站台停车待令，随后将LOW控制权下放给车站，车站的行车值班员派遣站务人员到现场把故障道岔的电动转辙机手摇转换到定位，并用钩锁器锁闭。进路准备完毕后，由行车调度员指挥受影响列车的司机以RM模式从车站发车，通过故障区域后恢复正常行驶。

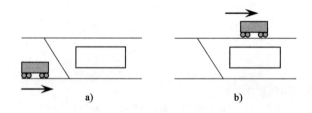

图2-9 站线道岔故障示意图

(2)折返线道岔故障的处理方法。

折返线道岔故障时，行车调度员一般会根据"先变更进路，后人工加锁"的原则，对于能选择变更进路办理列车折返的尽量不采用对道岔人工加锁的方法，以节约时间。如图2-10a)所示，如果2号道岔定位无表示而反位表示正常，则行车调度员会选择将2号道岔固定在反位，利用折1道办理列车折返。如图2-10b)所示，如果5号或6号道岔中的一个无表示，行车调度员会命令维修人员抢修的同时使用不受影响的另一条折返线办理列车折返。

如果出现图2-10a)中2号道岔定位、反位均无表示，或图2-10b)中1、2、3、4号道岔中的一个失去表示的情况，行车调度员只能命令车站采取道岔人工加锁的方式准备列车折返进路。一般的程序是行车调度员将LOW控制权下放给相关车站，车站的行车值班员派遣站务人员到达现场。把故障道岔的电动转辙机手摇转换到需要的位置并加锁，并对进路上的其他道岔用LOW单独操纵到需要的位置并单锁，然后再由站务人员通过手信号指挥列车以RM模式进行折返作业。列车折返完毕后,司机按照行车调度员的指示恢复正常运行。

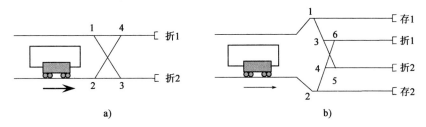

图 2-10 折返线道岔故障示意图

需要强调的是,在第三轨供电的城市轨道交通线路进行人工加锁或手摇转换道岔作业时,考虑到作业人员的人身安全,必须对第三轨停电并挂地线,这样即增加了人工转换道岔的时间,又会影响其他区段列车的正常行驶,因此采取措施前调度员需要权衡利弊综合考虑,避免运营秩序受到过大的影响。

2)人工转换道岔的作业程序

在道岔转辙机故障无法自动转换以排列列车进路时,需要人工使用手摇把转换道岔。一般城市轨道交通车站通过人工转换道岔排列进路的作业程序如下:

①两名站务员携带信号灯/旗、手摇把、道岔钥匙、钩锁器、扳手、对讲机、无线调度电话、手电筒等工具,并着荧光衣、戴手套。

②下线路前须得到行车调度员允许,人工准备进路必须从距车站最远的道岔开始,从远到近依次排列。

③现场确认道岔需要转向时应一人操作,一人防护、确认。操作者用工具按正确程序打开转辙机盖孔板、手摇道岔,准备好进路,另一人确认道岔位置正确后加锁。

④确认进路各道岔的开通位置时,相互用对讲机联络,同时用手信号显示正确情况。

⑤当上(下)行线路的进路准备妥当并出清线路后,报告站控室(对讲机工作盲区可由行车调度员中转),再准备下(上)行线路进路。

⑥值班站长接到进路准备妥当、线路出清的汇报后,立即做好相应线路的接车或发车准备工作并报告行车调度员。

车站站务员执行行车值班员的命令手摇道岔时,必须严格执行一看、二开、三摇、四确认、五加锁、六汇报的"六步曲"。

一看:看道岔开通位置是否正确,是否需要改变位置。

二开:打开盖孔板及钩锁器的锁,拆下钩锁器。

三摇:摇道岔转向所需的位置,在听到"咔嚓"的落槽声后停止。

四确认:手指尖轨:"尖轨密贴开通×位",并和另一人共同确认。

五加锁:另一人在确认道岔位置开通正确后,用钩锁器锁定道岔尖轨。

六汇报:向站控室汇报道岔开通位置正确。

如果是折返线的道岔,站务员在完成手摇道岔的作业程序后,还需站在安全位置向列车司机发出动车信号(昼间是拢起的黄色信号旗高举头上左右摇动,夜间是白色灯光高举头上),并目送列车通过道岔。当列车通过道岔后站务员还应留在安全位置,手持无线调度电话,继续在折返线等候行车值班员的命令,直至任务结束。任务结束后,站务员应在收集全部工具,确保没有遗留任何材料后,返回车站并向行车值班员报告。

二、轨道电路故障应急处理

1. 轨道电路概述

1)轨道电路的定义

轨道电路是以铁路线路的两根钢轨作为导体,两端加以机械绝缘(或电器绝缘)接上送电和受电设备构成的电路。它用来监督线路的占用情况,还将列车运行与信号显示等联系起来,即通过轨道电路向列车传递行车信息。

2)轨道电路的组成

最简单的轨道电路如图2-11所示。轨道电路由钢轨、轨道绝缘、轨端接续线、引接线、送电设备及受电设备等主要元件组成。

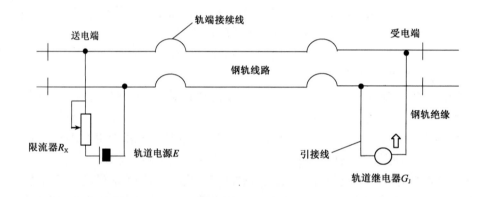

图2-11 轨道电路示意图

3)轨道电路的分类

①按轨道电路的工作方式分为开路式轨道电路和闭路式轨道电路。闭路式轨道电路能够检查轨道电路的完整性,所以目前信号设备中多采用闭路式轨道电路。

②按牵引电流通过方式分为单轨条轨道电路和双轨条轨道电路。双轨条轨道电路工作比单轨条轨道电路稳定可靠,极限长度基本上可满足闭塞分区长度要求,但成本高。电气化区段多采用双轨条轨道电路。

③按信号电流性质分为直流和交流、连续式和脉冲式供电等几种。

4)轨道电路的工作状态

①调整状态是轨道电路空闲、线路完整、受电端正常工作时的轨道电路状态;其最不利情况是参数的变化使通过轨道继电器的电流最小,即电源电压最小,钢轨阻抗最大面道砟电阻最小。

②分路状态是两条钢轨间被列车轮对或其他导体连接,使轨道电路受电端设备能反映轨道被占用的轨道电路状态。

③断轨状态是轨道电路的钢轨被折断时,轨道电路受电端设备能反映钢轨断轨的轨道电路状态。

2. 轨道电路故障分析与处理

轨道电路用来检查进路是否空闲,反映区段或进路的锁闭和解锁状态,监督列车和调车车列的运行情况。当轨道电路出现故障时会出现两种情况:有车占用无红光带;无车占用亮红光带。

1)原因分析

(1)有车占用无红光带。

当有车占用时,控制台无红光带显示故障是非常危险的,当发生这类故障后应首先通知车站值班员停用设备,然后进行处理。

这类故障发生的原因一般在室外设备,可先检查控制台光带指示灯是否有故障,以及轨道继电器是否落下或有接点卡阻或粘连等。

这类故障发生在室外设备的主要原因为:

①在道岔区段轨道电路,设有轨端绝缘但没有设在受电端的双动道岔渡线或测线上,因轨端接续线或岔后跳线断开、脱落,而造成死区段。

②轨面电压调整过高或送电端可调电阻调整的阻值过小,造成轨道电路不能正常分路。

③一送多受轨道区段,因各受电端距离较远轨面电压调整不平衡,有个别受电端轨面电压过高而造成分路不良。

④钢轨轨面生锈,车辆自重较轻或轮对电阻过大等,使车辆轮对分路不良。

⑤室外发生混线,有其他电源混入,或牵引电流干扰等使轨道继电器误动。

(2)无车占用亮红光带。

当发生这种故障时,应先在控制台观察故障现象,做出初步判断。

如果几个轨道电路区段同时出现红光带,则应重点放在分线盒,检查轨道电源熔断器熔丝和送电电缆芯线;若相邻两个轨道区段同时出现红光带,则一般是相邻两轨道电路轨道绝缘双破损;如果只有一个轨道区段亮红光带,则应首先在分线盘处测试送电电缆端子有无电压,若有电压,确认为室外故障时,再去室外处理。

2)故障判断

判断轨道电路是开路故障还是短路故障(分析故障的关键所在)。

(1)轨道电路开路故障。

轨道电路开路后继电器落下,控制台点亮红光带。开路故障应查钢轨接续线、道岔跳线、箱盒与轨面的引导线(是否断线)。

(2)轨道电路短路故障。

短路故障应查绝缘,是否是因绝缘破损原因;其他原因短路,如铁丝等金属搭连或跳线、引导线混线造成。

3. 轨道电路故障应急处理程序

当轨道电路出现故障时,各运营相关岗位的人员一般按以下程序进行应急处理。

1) 确认故障并下放 LOW 控制权(表2-10)

各运营相关岗位人员操作　　　　　　　　　　　　　　　表2-10

驾驶员	行车调度员	行车值班员
当列车在区间自动停止运行后,应向行车调度员报告列车车次号、未收到速度码、列车停车位置、列车状态正常、没有显示故障情况。执行行车调度员的指示,用 RM 模式小心进入故障轨道区段运行,注意周围情况,谨慎驾驶	(1)接到列车驾驶员的"故障"报告,同时从调度中心显示屏 MMI 上确定。 ①确定该列车所停位置的前方区段还有另外红光带的"占用"状态; ②确定在该"占用"的轨道电路区段确实没有任何列车占用; ③确定该区段红光带是故障状态。 (2)报告调度长,并经其同意采取以下步骤: ①通知车辆检修调度员严密监视故障事态的进展;下放控制权给该故障区段的 LOW 工作站,并继续监督; ②指示列车驾驶员必须用 RM 模式,慢速小心进入故障区段,以便遇到危险情况时能随时停车; ③指示所有列车驾驶员和行车值班员用广播向乘客及时通报运营调整信息; ④接获设备故障状态,同意行车调度员采取措施进行处理	(1)接受下放给该故障区段 LOW 工作站的控制权; (2)向车站乘客通报运营调整信息

2) 谨慎驾驶通过故障区段(表2-11)

各运营相关岗位人员操作　　　　　　　　　　　　　　　表2-11

驾驶员	行车调度员	维修人员
(1)当列车已驶出故障区段,驾驶员未发现任何异常情况后,报告行车调度员,列车过该轨道区段未发现任何异常情况; (2)若进路较长,且距离故障地点较远时,驾驶员可用 ATO 或 SM 模式驾驶到靠近故障地点,再用 RM 模式运行; (3)在收到速度码后再按正常模式运行	在确定故障性质后,立即通知维修调度员派维修人员进行抢修;指示有关车站值班员配合维修人员进行抢修	接车辆检修调度员通知后在有关车站办理维修登记手续,到相应设备室检查判断故障。如果是室内故障,则应快速查找并排除。如果需短时间影响运行,则必须经行车值班员报行车调度员同意后才能抢修。若是室外故障,则请设备维修调度员安排进入轨道抢修时间及办理进入区间工作的手续

3) 设备修复并收回 LOW 控制权(表2-12)

各运营相关岗位人员操作　　　　　　　　　　　　　　　表2-12

序号	岗位	具体操作
1	维修人员	排除了轨道电路设备故障,并经与行车值班员试验确认设备正常后,报告设备维修调度员,然后在有关车站办理维修登记手续
2	行车调度员	收到设备维修调度员通报,调度中心 MMI 上红光带已变为粉红光带,则可确认已排除轨道电路故障。通知该站行车值班员,在 LOW 工作站进行"轨区逻空"操作。报告调度长设备故障已排除

续上表

序号	岗位	具体操作
3	行车值班员	在LOW工作站进行"轨区逻空"操作后,报告行车调度员
4	调度长	收到行车调度员已排除故障的汇报并予以确认
5	行车调度员	通知行车值班员,收回该LOW工作站控制权
6	行车值班员	按程序办理,交回该LOW工作站控制权

4)恢复正常运行(表2-13)

各运营相关岗位人员操作 表2-13

序号	岗位	具体操作
1	行车调度员	收回LOW工作站控制权后进行规定的工作程序,这些程序包括:排列有关进路;指示第一列后继列车驾驶员用SM模式通过该区段;要求第一列后继列车驾驶员及时反馈列车在原故障区段的运行情况
2	第一列后继列车驾驶员	执行行车调度员指示,第一列后继列车驾驶员用SM模式驾驶通过该区段后,并应报告行车调度员情况正常
3	行车调度员	收到第一列后继列车驾驶员的报告后应报告调度长系统已恢复正常。通知所有列车驾驶员和行车值班员,故障已经排除,系统恢复正常操作。向乘客广播运营恢复正常信息
4	驾驶员	所有列车驾驶员向列车乘客通报运营恢复正常信息
5	行车值班员	所有行车值班员向本站乘客通报运营恢复正常信息

三、转辙机故障应急处理

1.转辙机概述

1)概念

转辙机是转辙装置的核心和主体,除转辙机本身外,还包括外锁闭装置(内锁式方式没有)、各类杆件和安装装置,它们共同完成道岔的转换和锁闭。

2)转辙机的作用

①转换道岔的位置,根据需要转换至定位或反位。

②道岔转换到所需的位置并密贴后,实现锁闭,防止外力转换道岔。

③正确反映道岔的实际位置,道岔尖轨密贴于基本轨后,给出相应的显示。

④道岔被挤或因故处于"四开"位置时,及时给出报警和显示。

3)转辙机的分类

(1)按动作能源和传动方式。

分为电动转辙机ZD、电动液压转辙机ZY、电控转辙机ZR。

(2)按供电电源的种类。

分为直流转辙机和交流转辙机。

①直流转辙机:ZD6系列直流220V,电控系列24V。由于存在换向器和电刷,易损坏,故

障率高。

②交流转辙机:单相或三相电源,有S700K、ZYJ7系列交流380V,故障率低并控制隔离区。

(3) 按动作速度。

分为普通动作转辙机和快动转辙机。

①普通动作转辙机:3.8s以上,大多数属于此类。

②快动转辙机:0.8s以下,驼峰调车场。

(4) 按锁闭道岔的方式。

分为内锁闭转辙机和外锁闭转辙机。

①内锁闭转辙机:依靠内锁闭装置直接将基本轨与尖轨密贴,将斥离轨锁于固定位置。

②外锁闭转辙机:属于直接锁闭方式,锁闭可靠,列车对转辙机几乎无冲击。

(5) 按是否可挤。

分为可挤型转辙机和不可挤型转辙机。

①可挤型转辙机:设有道岔保护(挤切或挤脱)装置,道岔被挤时,动作杆解锁,保护整机。

②不可挤型转辙机:道岔被挤时,挤坏动作杆与整机的连接结构,应整机更换。

4) 转辙机的操纵和锁闭

(1) 操纵方式。

转辙机有电动转换和人工转换两种方式。

设备正常时,运行操作人员利用控制台(或显示器)上的有关按钮进行集中操纵叫电动转换。停电、转辙机故障以及有关轨道电路故障时,只能使用手摇方式转换道岔叫人工转换。

手摇转辙机时,先用钥匙打开遮断器盖,露出手摇把插孔,插入手摇把,摇动规定圈数使道岔转换至所需位置。转换完毕时抽出手摇把,但安全触点被断开,转辙机电路也被断开。必须由电务维修人员打开机盖,合上安全触点,转辙机电路才能恢复正常。多道岔或多台转辙机牵引的道岔,必须摇动各台转辙机使道岔至所需位置。它们在集中操纵时是联动的,但手摇转换时必须摇动。手摇把关系行车安全,要实行统一编号,集中管理,建立登记签认制度。

(2) 锁闭方式。

锁闭道岔的方式有交流机械锁闭和电气锁闭两种形式。

实施锁闭指的是通过机械及电气方式将列车正在经过或已发出指令向允许列车经过(例如办理好进路)的道岔进行固定,防止道岔错误转换。

交流机械锁闭是当道岔转换到位后利用转辙机的内锁闭装置或外锁闭装置自动实现的,用于确保列车运行时尖轨与基本轨保持密贴。当设备故障时,需人工利用钩锁器等设备对道岔尖轨实施锁闭以保证行车安全。电气锁闭是利用继电器触点等断开转辙机电路,确保列车占用或已发出指令允许列车经过时,不会由于误操作导致道岔转换。

2. 转辙机故障应急处理方法

1) 人工转换道岔的作业程序

在道岔转辙机故障无法自动转换以排列列车进路时,需要人工使用手摇把转换道岔。

车站站务员执行行车值班员的命令手摇道岔时,必须严格执行一看、二开、三摇、四确认、五加锁、六汇报的"六步曲"。

2) D6 转辙机常见故障处理方法（表 2-14）

D6 转辙机常见故障处理方法 表 2-14

启动部分故障	道岔表示故障
（1）道岔不落锁，（通过控制台或检测曲线可以判断）故障在室外。检查尖轨与基本轨间是否有异物，滑床板是否磨卡，各种杆类与螺栓间是否松动及磨卡； （2）电动机空转，道岔不转换。检查转辙机内部齿条是否有异物、消尘齿与锁闭圆弧间缺油造成转辙机不解锁。故障原因为电流低摩擦带进油； （3）分线盘启动瞬间有电，电动机不转。检查室外开闭器、启动接点、电动机线及电缆是否断线； （4）室内启动电路不动。检查启动铅丝是否熔断及控制台道岔操纵按钮常闭接点是否断开	（1）在分线盘测显示电压，定位（X1、X3）、反位（X2、X3）有 110V 交流，去室外查找。检查开闭器接点是否打落，不落调锁口；接点落下正常检查接点及移位接触器接触是否良好； （2）分线盘无显示电压，应检查表示铅丝及变压器插接是否良好； （3）雷雨季节道岔突然断开应重点检查整流匣

四、联锁系统故障应急处理

1. 联锁及联锁设备（相关资源参见二维码 15）

联锁设备是城市轨道交通的重要信号设备，用于完成车辆段内建立进路、转换道岔，提出开放信号以及解锁进路等作业，实现道岔、信号、进路之间的联锁关系，以保证行车安全，提高作业效率。

二维码 15

联锁设备分为正线车站联锁设备和车辆段联锁设备。联锁设备早期为机械联锁，后来发展成为继电器集中联锁。随着 3C 技术的快速发展，计算机联锁已经成为联锁设备的主要发展方向（相关资源参见二维码 16）。

2. 联锁系统故障特点

联锁系统在城市轨道交通信号系统中起到非常重要的作用，其作用对象主要包括：进路、信号和道岔。联锁系统按要求不间断地对这三个部分进行检测，表现出来的结果即为一条进路是建立还是取消。联锁系统的信息交换对象除了 ATS 外还有轨旁 ATP。通常情况只有当联锁系统给出某个轨道电路区段被征用的信号后，轨旁 ATP 才会在该轨道电路区段设定推荐速度，引导列车运行。因而，一旦联锁系统故障，ATS 和 ATP 系统将失去数据交换对换，从而导致信号系统瘫痪。

二维码 16

当联锁系统发生故障，ATC 系统会立即失效，行车调度员和行车值班员将得不到任何关于列车位置、道岔位置、进路锁闭和运营列车的开停状态等安全信息，行车安全将失去设备保障。虽然联锁系统发生故障的概率较其他信号类设备故障明显偏低，但由于联锁系统故障对城市轨道交通运营秩序影响较大，因此行车指挥人员应该对联锁系统故障的处理方法熟练掌握。

国内城市轨道交通联锁系统除修建较早的线路外，基本采用计算机联锁，轨道交通线路通常每三四个车站划分为一个联锁区，每个联锁区设有一个集中站，每个集中站设有联锁计算机，分别控制管理各自联锁区域的安全行车。联锁计算机通常采用冗余设计，具有很高的可靠性和实用性。

车站联锁系统发生故障时,一般会出现某联锁区(或全线)在调度中心 MMI 上无法显示、车站 LOW 无显示通向故障区的进路无法排列,列车在故障区内收不到速度码,或产生紧急制动等现象。根据联锁系统故障发生的范围可以将其分为全线联锁设备故障和集中站联锁设备故障两种情况。无论出现哪种情况,基本的处理方法都是行车调度员下达给故障区段按电话闭塞法(或电话联系法)行车的调度命令,在故障区段行车组织方法不变。

3. 联锁系统故障应急处理方法

当联锁设备出现故障(道岔位置不对,信号机不能开放;进路排列好了,道岔不能动;主进路好了,敌对进路不能排列、信号不能开放,由于道岔转动不了、联锁计算机故障,或者联锁设备失电等)时,正常的进路无法排列,信号无法开放,所有的移动、准移动、自动闭塞都无法实现。在这种情况下,城市轨道交通企业主要是在故障区段采用电话闭塞法(或电话联系法)组织行车。

1) 联锁系统出现故障应急处理方法

当联锁设备出现故障时,城市轨道交通企业主要是在故障区段采用电话闭塞法。电话闭塞是当基本闭塞设备故障不能使用时,由车站行车值班员以站间行车电话记录的方式办理闭塞的方法。电话闭塞法是在没有机械电气设备控制的条件下,仅凭站间行车电话联系来保证列车行车间隔,由于安全程度较低,只能是一种临时代用的行车闭塞方法。改用电话闭塞法行车,应有行车调度员发布的调度命令,并严格按照规定的电话作业要求办理闭塞。

联锁系统出现故障后,由于列车在故障区内只能以 RM(URM)模式运行,车站按电话闭塞法(或电话联系法)办理接发列车,因而对乘客服务影响很大,尤其是近年来乘客对城市轨道交通服务质量要求越来越高,而联锁系统故障造成的列车延误一般都在 15min 以上,因此联锁系统故障经常造成乘客的退票,对城市轨道交通公司产生较大的负面影响。但越是在这种情况下,行车指挥人员越应将保障乘客安全放在第一位,切不可因为担心乘客退票或投诉而强行提高效率,置行车安全于不顾。

2) 联锁系统出现故障后进行行车组织的主要内容(表 2-15)

联锁系统出现故障后进行行车组织的主要内容　　　　表 2-15

序 号	流 程	具 体 操 作
1	发布调令	控制中心行车调度员及时向有关车站及司机发布采用电话闭塞法组织行车的调度命令
2	确认空闲	闭塞车站行车值班员和控制中心行车调度员共同确认第一列将发出列车运行前方闭塞区段空闲
3	请求闭塞	发车站发车进路准备妥当并与接车站共同确认闭塞区段空闲后,向接车站请求闭塞
4	同意闭塞	接车站收到前次列车在前方闭塞车站出发的电话报点记录、接车进路准备妥当并与前方闭塞车站共同确认前方闭塞区段空闲后,方可发出电话记录号码同意闭塞

续上表

序 号	流 程	具 体 操 作
5	填写路票	发车站须查明前方闭塞区段空闲,发车进路准备妥当并取得接车站同意接车的电话记录号码后,方可填发路票。路票由发车站行车人员,根据行车值班员的通知在站台填写,并与行车值班员认真核对
6	交接路票	路票交接地点在司机所在驾驶室的站台上,由车站行车人员确认无误后,与司机核对交接。司机接到路票后关门,凭车站发车手信号动车
7	解除闭塞	到达列车自接车站出发或进入折返线后,接车站应向发车站报点并发出电话记录号码,解除闭塞
8	恢复基本闭塞	设备故障消除后,控制中心行车调度员必须与各闭塞车站行车值班员共同确认各闭塞区段空闲,方可向有关车站及司机发布恢复基本闭塞行车的调度命令

4.联锁系统出现故障时的应急处理程序(相关资源参见二维码17)

当联锁系统出现故障时,一般在故障区段采用电话闭塞法(或电话联系法)组织行车。改用电话闭塞法行车,必须有行车调度员命令。在停止使用基本闭塞法时,改用电话闭塞法行车,控制权下放,实行车站控制,即有车站行车值班员办理接发列车,由于电话闭塞法行车时无设备控制,为了防止因疏忽向占用区间发车,造成同向列车追尾,要求行车值班员在接发列车作业过程中,严格按照规定的作业程序和要求进行,严把承认闭塞和填发路票两大关卡,以确保接发列车作业安全。

二维码17

1)联锁系统出现故障时应急处理的流程

当联锁系统出现故障时,车站采用电话闭塞法行车。

行车值班员办理接发列车作业的主要流程见表2-16。

行车值班员办理接发列车作业的主要流程 表2-16

序 号	主要流程	具 体 操 作
1	办理闭塞	发车站向接车站请求闭塞。接车站确认接车区间空闲,接车进路准备妥当后,向发车站发出承认某次列车闭塞的电话记录号码,并填写《行车日志》;所谓进路准备妥当是指接发列车进路空闲有关道岔位置正确和影响接发列车进路的作业已经停止。闭塞办妥后,因故不能接车或发车时,应立即发出停车手信号进行防护,并由提出一方发出电话记录号码作为闭塞取消的依据,取消闭塞应及时向行车调度员报告
2	发出列车	发车站接到接车站承认闭塞的电话记录号码后,填写路票交给列车司机,向司机显示发车手信号。列车出发后,发车站向接车站和行车调度员报点,并填写《行车日志》
3	接入列车	接车站在列车停车位置向司机显示停车手信号。列车整列到达停妥后,向列车司机收取路票
4	闭塞解除	接车站在列车整列发出或进入折返线以及接车进路准备安排妥当后,向发车站发出到达列车闭塞解除的电话记录号码,向行车调度员报点并填写《行车日志》

2）联锁系统出现故障时应急处理的作业程序

当联锁系统出现故障时，车站采用电话闭塞法接发列车。

（1）电话闭塞的含义。

电话闭塞法是当基本闭塞（自动闭塞、半自动闭塞和自动站间闭塞）设备发生故障不能使用，或闭塞设备不能满足运行列车的要求（如在未设双向闭塞设备的双线区段反方向运行，半自动闭塞区段发出由区间返回的列车等）时，为确保列车运行，两车站（线路所）车站值班员根据空间间隔法（也叫距离间隔法，是指一个区间以及自动闭塞的通过信号机所划分的闭塞分区在同一时间内，只准一列车运行）的原则，利用站间行车电话以电话记录的方式办理闭塞的方法。

（2）电话闭塞的特点。

电话闭塞不论单线或双线，均按站间区间办理。由于电话闭塞没有机械、电气设备的控制，都靠制度加以约束，办理闭塞手续必须严格。出站信号机不能开放，需要填写行车凭证，接发列车进路在此种情况下也失去联锁。

为了保证行车安全，通过技术方法使进路、道岔和信号机之间按一定程序、一定条件建立起的既相互联系而又相互制约的关系，除人工确认进路正确外，还要按规定加锁。为保证同一区间、同线路、同时间内不误用两种闭塞法，在停用基本闭塞改用电话闭塞或恢复基本闭塞时，均须根据行车调度员的调度命令办理。在行车调度员电话不通，得不到调度命令的情况下，应由该区间两端的车站值班员确认区间空闲后，以电话记录办理。列车调度电话恢复正常时，两端站车站值班员应及时向行车调度员报告。

（3）电话闭塞的作业程序与办法（表2-17）。

电话闭塞的作业程序与办法　　　　表2-17

序号	作业程序	具体操作
1	办理闭塞	由发车站向接车站请求闭塞，按车站在确认接车区间、接车线路空闲，接车进路准备妥当后，向发车站发出承认某次列车闭塞法的电话记录号码
2	发出列车	发车站接到接车站承认闭塞的电话记录号码后，向列车显示手信号发车。列车出发后，发车站向接车站通报列车车次、出发时分，并向行车调度员报点，并填写《行车日志》
3	闭塞解除	列车整列到达并发出或进入折返线，以及接车进路准备妥当后，接车站可向发车站发出到达列车闭塞解除电话记录号码，并向行车调度员报点，并填写《行车日志》
4	取消闭塞	闭塞办妥后，因故不能接车或发车时，立即发出停车手信号进行防护，由提出一方发出电话记录号码作为闭塞取消的依据。列车由区间退回发车站时，出发车站发出电话记录号码作为闭塞取消的依据。取消闭塞应及时向行车调度员报告
5	行车凭证	电话闭塞行车时，列车占用区间的行车凭证是路票，凭助理行车值班员的手信号发车

五、ATS 系统故障应急处理

1. ATS 系统概述（相关资源参见二维码 18）

二维码 18

列车自动监控系统是城市轨道交通信号系统的一个重要组成部分，英文称为 Automatic Train Supervision System，简称 ATS 系统。

列车自动监控系统利用可靠的网络结构，与列车自动防护系统和列车自动驾驶系统一起完成对全线列车运营的管理和监控功能。

1）ATS 系统的功能

ATS 系统监控全线列车的运行，它具有以下主要功能：列车监视和跟踪功能；列车自动排列进路功能；列车追踪间隔调整功能；列车运行模拟仿真功能；列车运行重放功能；事件记录、报告和报表生成、打印功能；报警功能和接口功能。

2）ATS 系统设备组成

ATS 系统为多层体系结构，如图 2-12 所示，位于控制中心的 ATS 监控设备处于结构的最高层，位于车站的 ATS 监控设备处于结构的低层。ATS 系统通过专门的数据传输系统，实现控制中心 ATS 设备与各车站 ATS 设备之间的通信和数据交换。

图 2-12　ATS 系统多层体系结构

（1）控制中心 ATS 设备。

ATS 系统在控制中心的设备，主要有网络设备、服务器、存储设备、显示设备和打印设备等，可以分为系统硬件和系统软件两部分。

控制中心 ATS 设备硬件如下：

①调度工作站。调度工作站用于调度员完成调度和运营作业，是控制中心的重要设备。调度员通过调度终端屏幕，实时了解和掌握列车的实际运行情况，可以在调度工作站上发出指令，用于直接指挥列车运行。

②培训工作站。培训工作站用于培训作业，其硬件结构和组成与调度工作站相同，但软件配置不同。

③维护工作站。维护工作站用于设备维护和检修人员对全线信号系统设备和列车进行监督，对信号系统中所检测到的故障及时处理，以保证信号系统设备稳定可靠运行。

④列车运行计划工作站。列车运行计划工作站用于编辑某天或某一时段内所有运营列车的运营计划。列车运行计划编辑完成后，列车自动监控系统将控制列车按照所确定的运行计划运行。

⑤系统服务器。系统服务器是 ATS 系统的核心设备，由主机、显示器、键盘、鼠标和网络接口等组成，系统服务器装有系统软件和应用软件。

⑥数据库服务器。数据库服务器用来存储列车运行的相关数据,可为磁盘或光盘。

⑦网络通信设备。网络通信设备指数据传输系统的数据传输和交换设备,如通道和网关等,以保证数据在不同的设备间可靠传递。网络一般为冗余的双网结构,提高了系统的可靠性和可用性。

⑧电源设备。控制中心的电源设备为上述工作站和服务器等设备提供可靠的不间断电源,保证控制中心 ATS 系统可靠运行,不丢失数据。

控制中心 ATS 设备软件如下：

一般包括系统软件和应用软件两部分。系统软件通常采用 UNIX 操作系统,减少系统对设备制造商的依赖性,利于设备的维护和升级。UNIX 操作系统功能强大、实现高效,提供了精选的、丰富的系统功能,它可以使用户能方便、快速地完成许多操作系统难以实现的功能。例如 UNIX 将所有的外部设备作为特殊的文件处理,具有高效的目录结构、磁盘空间管理、输入和输出重定向以及管道功能等。

(2) 车站 ATS 设备。

车站 ATS 设备包括有工作站、打印机、网络接口和 UPS 不间断电源等设备,其中工作站一般由主机、显示器、键盘和鼠标设备组成。车站值班员通过车站 ATS 工作站终端屏幕,实时了解和掌握本站所辖范围内列车的实际运行情况,在本站取得对车站控制权的情况下,车站值班员可以在工作站上发出指令,直接指挥列车在本站管辖范围内安全运行。

车站 ATS 工作站,用于车站值班员完成对本站所管辖范围的列车运行状态监督、进路排列、道岔控制和信号开放等作业,是车站的重要设备之一。

3) ATS 系统的运行模式

ATS 系统是城市轨道交通系统的指挥中枢,在保证运营效率的同时还必须具备高的可用性。当系统中的某些单元出现故障或运营过程中出现异常情况时,系统必须具备相应的应对策略。也就是说,系统应当具备可降级运行的功能,即使在最恶劣的情况下,ATS 系统也可通过人工指挥运营。通常,我们考虑系统可在以下几种不同的模式下运行。

(1) 自动调整模式。

这是自动化程度最高的模式,在此模式下,系统的运行最为平稳。ATS 系统完成所有的自动进路和自动列车调整功能。

(2) 未调整的自动模式。

在此模式下,ATS 系统自动完成所有的自动进路和调整功能,但不具备自动运行调整能力。运营列车将一直使用预先设置的运行等级和站停时间。

(3) 人工调度模式。

在此模式下,ATS 系统只负责执行部分自动进路设置功能,列车投入运行和退出系统都由操作员人工完成。列车在运营过程中也一直使用预先设置的运行等级和站停时间。

(4) 完全人工模式。

在此模式下,ATS 系统不能执行自动进路和调整功能,进路设置、站停及运行控制等级由行车调度员负责。系统运行模式的切换由调度员人工完成。调度员需保证系统具备适当的运行条件。在任何情况下,人工控制都具有最高的控制优先级,以保证在系统故障时调度人员可随时进行人工干预。

2. ATS 系统故障应急处理程序(相关资源参见二维码 19)

当 ATS 系统发生故障时,各运营相关岗位的人员一般应按照以下程序进行处理。

二维码 19

1)确认故障并下放 LOW 控制权(表 2-18)

各运营相关岗位人员操作 表 2-18

序 号	岗 位	作 业 程 序
1	行车调度员	(1)监视调度中心的 MMI,发现出现各种非正常现象,这些现象包括 MMI 屏幕的显示,较长时间得不到更新和 MMI 较长时间没有回应所输入的控制命令; (2)对故障进一步确认,例如尝试以手动模式从 MMI 上排列进路,检查是否可得到正确反应; (3)询问车站 LOW 显示,是否与 MMI 信息一致; (4)向某次列车驾驶员查问列车所在位置并查证 MMI 上列车信息
2	驾驶员	列车驾驶员在行车调度员要求下,汇报列车所在的位置并查看列车前方的进路情况
3	行车值班员	各有关车站行车值班员应向行车调度员报告:LOW 的显示状态和列车动态信息的更新及有关报警窗口内容
4	行车调度员	(1)向调度长汇报 ATS 系统发生故障; (2)要求设备维修调度员迅速派人检查和排除故障; (3)通知有关受影响区域的相关车站值班站长并下放 LOW 控制权; (4)通知所有相关列车驾驶员; (5)指示各有关车站值班站长监视各管辖范围内的列车运行状况
5	行车值班员	受影响车站的行车值班员接收 LOW 控制权后,按行车调度员的要求监视各列车的运行状况并向调度中心汇报
6	检修人员	设备维修调度员派遣维修人员开展故障检查与抢修工作

2)启动车站级自动运行模式(表 2-19)

各运营相关岗位人员操作 表 2-19

行车值班员	行车调度员
受影响车站的行车值班员启动车站级自动运行模式,如果"后备模式"激活,行车值班员立即报告行车调度员,并加强列车监控,不需要介入操作	(1)行车调度员听取行车值班员有关 ATS 车站各站的"后备模式"列车检测功能是否激活汇报; (2)询问各受影响区域列车驾驶员的列车号码是否正常,并指导驾驶员设置正常车号; (3)列车驾驶员应行车调度员的要求检查列车号码。发现不正确车号,在行车调度员的指导下予以更正

3)车站手动排列列车进路(表2-20)

各运营相关岗位人员操作　　　　　　　　　　　　　　表2-20

检修人员	行车值班员	驾驶员
(1)如果没有激活"后备模式",行车值班员要在 LOW 进行直接手动操作排列列车进路,并根据行车调度员要求调节停站时间,控制和管理站台停车点的释放; (2)监视车站 LOW 管辖范围内的列车运行状况; (3)向行车调度员报列车停开时间	(1)行车调度员监督正线列车的运行状态,要求各驾驶员报告列车运行状态; (2)根据列车晚点情况,通知行车值班员调节车站停站时间,必要时组织越站运行; (3)根据列车晚点情况,通知驾驶员手动区间赶点; (4)根据车站报告列车停开时间,绘制实时运行图	列车驾驶员根据行车调度员要求采用 AM/ATO 模式驾驶

4)故障排除收回 LOW 控制权(表2-21)

各运营相关岗位人员操作　　　　　　　　　　　　　　表2-21

检修人员	行车值班员	驾驶员
通过设备维修调度员通知调度长和行车调度员故障已排除	(1)收回有关车站 LOW 控制权,并在 MMI 上进行如下检查:确定 ATS 系统已能及时更新列车位置的信息、可以手动在 MMI 上排列进路、与列车驾驶员核对列车车次号码是否正确,在检查无异常情况后确认 ATS 故障已排除; (2)确认故障排除后报告调度长,并通知车站值班员故障已经排除,系统恢复正常运行工作	有关列车驾驶员应行车调度员要求核对列车车次号码

六、ATP 系统故障应急处理

1. 列车自动防护系统功能及基本原理

列车自动防护系统,其英文名称为"Automatic Train Protect System",简称为 ATP 系统。城市轨道交通的信号控制系统中,列车自动防护系统是信号控制系统非常重要的组成部分,它为列车提供安全保障,能有效降低列车驾驶员的劳动强度,提高行车作业效率。如果没有列车自动防护系统,列车的行车安全需要由列车驾驶员人工保障,这样会造成列车驾驶员过度疲劳,产生安全隐患,对行车作业效率也会带来负面影响。因此在城市轨道交通中尤其是运营作业频繁的线路上,信号控制系统中设置列车自动防护系统是非常必要的,它是行车作业的安全保障和体现。

1)ATP 系统主要功能

列车自动防护系统不仅能控制列车运行速度,还有其他许多重要功能,它们是列车安全稳定运行的可靠保障。列车自动防护系统主要功能如下:

(1)防止运营列车超速运行。

(2)接收和处理来自地面的信息。

城轨列车运行在轨道上,地面轨道电路或地面的其他设备,将列车运行所需的信息发送出去,安装在列车车体上的列车自动防护系统设备会实时接收这些信息,并对这些信息进行实时分析和处理,及时对列车的运行状态和运行速度进行控制。通常这些信息中包含有列车允许运行的最大速度值及其线路位置等。

(3)防止列车相撞。

城市轨道交通中,在某条线路上,往往会有很多列车同时运营作业,列车自动防护系统可以防止列车相撞,为这些平行作业的实施提供了安全保障,它有效提高了城市轨道线路的利用效率,增强了城市轨道交通的运营能力。列车自动防护系统可以防止列车相撞,包括以下内容:

①防止运营列车撞上前面的列车。
②防止运营列车驶入未开通的进路。
③防止运营列车冲出尽头线。
④防止运营列车进入封锁区段。
⑤防止运营列车驶入发生故障的进路。

(4)车辆安全停靠。

城市轨道交通中,列车停靠站台时,需要列车完全停稳不动,确保乘客安全上下车。列车自动防护系统会检测列车的速度和列车所处的位置,保证列车在站台区域内安全停靠。

(5)列车车门控制。

城市轨道交通中,列车左右两侧都有车门,列车停靠站台后,列车自动防护系统会控制列车开启靠近站台的车门,保证乘客安全上下车。

(6)空转、打滑防护。

列车在线路上正常运行时,列车车轮在钢轨上滚动运行,因某种原因,列车车轮会发生空转,或列车车轮在线路上滑动运行,这种情况方面会对车辆的车轮造成损伤,另一方面会危及列车行车安全。列车自动防护系统会实时检测列车空转和打滑情况,并及时采取措施,控制列车运营状态。

(7)防止列车发生溜车。

列车如果在线路的坡道处停车或在站台处停车,列车自动防护系统会给列车施加一定的制动力,保证列车不会发生溜车现象,防止发生安全事故。列车自动防护系统除以上的重要功能外,根据城市轨道交通信号系统的配置情况和复杂程度,还可以有一些其他功能,如控制列车的运行方向,提供驾驶员操作接口界面等。

2)列车自动防护系统基本原理

防止列车超速运行是列车自动防护系统最重要的功能,也是城市轨道信号系统保障列车运行安全的核心。列车自动防护系统对列车速度进行有效控制,保持列车运行速度不超过所允许的范围,能有效降低列车驾驶员的劳动强度,提高作业效率,避免人工操作带来的安全隐患,保障列车安全运行。

列车自动防护系统控制列车运行速度有两种基本方式:点式叠加方式和速度距离模式曲线方式。

(1)点式叠加方式。

列车自动防护系统以点式叠加方式控制列车运行速度,其速度距离曲线呈阶梯状,发给列车的速度命令不是连续性的。

(2)速度距离模式曲线方式。

列车受到制动力的作用,使列车减速运行,速度－距离的形状是连续平滑的曲线,这种列车速度控制方式称为速度距离模式曲线方式。速度距离模式需要比较复杂的软件和硬件支持,系统调试过程比较复杂。列车平滑减速运行,列车速度没有发生突变,列车运行速变控制稳定,可以有效提高乘客乘车的舒适度。

2.列车自动防护系统车载设备组成

列车自动防护系统所包含的设备分别安装在列车上和地面上。安装在列车上的设备简称为车载设备,安装在地面的设备简称为地面设备。

1)车载设备的主要组成

列车自动防护系统的车载设备主要包括车载主机、状态显示单元、速度传感器、列车地面信号接收器、列车接口电路、电源和辅助设备等。

(1)车载主机。

列车自动防护系统的车载主机由各种印刷电路板、输入/输出接口板、安全继电器和电源等设备组成。这些设备分层放在机柜中,各板利用机柜上的总线进行通信。

(2)状态显示单元。

状态显示单元是车载系统与列车驾驶员之间的人机界面,可以显示列车当前运行速度、列车到达某点的目标速度、列车到达某点的走行距离、列车的驾驶模式和有关设备的运行状况等与行车直接相关的信息;还设置有一些按钮,用于驾驶员操作,控制列车运行。

(3)速度传感器。

通常在列车上装有一个或多个速度传感器,安装在列车的车轴上,用于计算列车的运行速度和列车运行距离及列车运行方向的判定。列车的运行速度,还可以用雷达进行测定,但速度传感器技术成熟,测速精度高,安装使用简单方便,因此被广泛采用。

(4)列车地面信号接收器。

列车地面信号接收器安装在列车底部,用于接收从轨道上传来的信息,这些信息可以由地面轨道电路发送,或由安装在地面的专门设备(如应答器)发送给列车。列车地面信号接收器,根据所接收的信息格式、容量和处理速度等因素,可以设计为感应线圈或其他形式,以保证列车在一定的运行速度下能及时接收和处理所收到的信息。列车地面信号接收器的性能要求:抗机械冲击能力强,有很好的抗电磁干扰能力,信息接收误码率低,不丢失信息。

(5)列车接口电路。

列车自动防护系统的车载设备通过车载主机与列车进行接口,车载主机将控制信息通过接口电路传送给列车,同时车载主机通过接口电路从列车获得列车运行的状态信息。列车接口电路使用的继电器,根据使用的环境,需要体积小、力学性能好的继电器,所以一般采用弹簧继电器。

(6)电源和辅助设备。

电源和辅助设备为列车自动防护系统车载设备提供电源。列车上还有列车运行模式选择开关,各种电源开关和其他一些辅助设备等。

2) 状态显示单元

列车上的状态显示单元是车载系统与列车驾驶员的人机界面,可以使用触摸屏,或使用面板的形式,来实现列车状态信息的显示和对列车进行操控。其面板或触摸屏上的主要内容一般包括操作按钮部分、信息显示部分、指示灯和报警器。

3. ATP 系统故障的应急处理程序(相关资源参见二维码20)

1) 车载 ATP 系统故障应急处理程序(相关资源参见二维码21)

(1) 确认故障(表2-22)。

二维码20　二维码21

各运营相关岗位人员操作　　　　表2-22

序 号	岗 位	作 业 程 序
1	驾驶员	列车产生紧急制动,驾驶员看到 ATP 系统故障报警后,向行车调度员报告如下事项:列车停车位置、列车发生紧急制动、有关 ATP 故障的报警信息
2	行车调度员	接到驾驶员汇报后从调度中心的 MMI 上,确认该列车区间停车位置;指示该列车驾驶员重新启动车载列车自动控制系统,并要求列车驾驶员报告故障是否依然存在;如果故障不再次出现,要求列车驾驶员先用 RM 模式运行,并在车载 ATC 系统允许下,转用 SM/ATO 模式运行
3	驾驶员	经过重新启动车载 ATC 设备,系统仍然不能通过自检,则确定车载 ATP/ATO 系统确实出现故障。随后立即向行车调度员报告重新启动失败;向故障列车内的乘客通报运营调整信息,安抚好乘客
4	行车调度员	接到故障驾驶员重启失败报告后,按以下步骤进行:报告调度长;通告所有车站行车值班员和列车驾驶员;安排正线列车间隔,准备用 URM 模式运行故障列车;指示所有列车驾驶员及行车值班员利用广播,向乘客通报列车延误信息
5	调度长	通知设备维修调度员 ATP 车载发生故障,命令协助驾驶员查找组织力量处理故障
6	设备维修调度员	协助驾驶员确定故障列车的性质和可能的快速处理方法

(2) 组织故障车用 URM 模式运行(表2-23)。

各运营相关岗位人员操作　　　　表2-23

行车调度员	驾驶员	调度长	行车值班员	站务人员
关注全线列车运行密度和全线 ATC 系统设备正常运行。对于停车在区间,不能再用 SM 运行的故障列车驾驶员,传达如下命令:用 RM 模式运行到下一站台;在下一车站站台等候车站"监督员"上车,按调度员命令动车,用 URM 模式运行到终点后,退出运营	驾驶员执行调度员命令,先用 RM 模式运行列车,一旦发现异常立即停车	协助行车调度员确认用 URM 模式运行的故障列车前方至少具有两个区间的安全空间	指派站务人员作为故障列车"监督员"上车	以故障列车"监督员"身份上车,监督驾驶员运行;按照行车调度员命令动车;按照行车调度员允许的车速行驶

(3)故障车运行到终点站后退出运营(表2-24)。

各运营相关岗位人员操作 表2-24

序 号	岗 位	作 业 程 序
1	行车调度员	指示故障列车驾驶员用URM模式运行至终点站;在运行中确认故障列车前方有两个区间的空闲后,才能命令故障列车动车;安排该列车到达终点站后,不再接载乘客
2	驾驶员	在行车调度员的指示和"监督员"监督下,用URM模式运行至终点站;根据行车调度员安排,将故障列车从终点站开往存车线或返回车辆基地
3	站务人员	列车运行到终点站完成"监督员"任务,向行车调度员报告
4	行车调度员	在调度长的同意下,安排该列车从车站开往存车线或返回车辆基地
5	驾驶员	按照行车调度员的指示将故障列车开往存车线或返回车辆基地

2)轨旁ATP系统故障的应急处理程序(相关资源参见二维码22)

(1)确认故障(表2-25)。

二维码22

各运营相关岗位人员操作 表2-25

驾 驶 员	行车调度员	调 度 长	设备维修调度员	行车值班员
列车发生非正常停车或紧急制动,向行车调度员报告车次号、列车停车位置、列车状态是否正常、有无车辆和车载信号设备故障,是否报警	接到驾驶员汇报或从调度中心的MMI上发觉联锁区的全部或多段轨道区段号码闪烁,确定轨旁ATP设备故障后报告调度长;指示所有列车驾驶员及行车值班员利用广播及时向列车及车站乘客通报运营延误信息;确定列车停顿的位置并严密监视和检查ATP故障区域	通知维修调度员调派检修人员立即抢修轨旁ATP;指示有关行车值班员跟检修人员协调配合	与有关行车值班员协调配合,抢修轨旁ATP	协助检修人员判定故障范围和性质;利用广播及时向车站乘客通报运营调整信息

(2)指示驾驶员在故障区域谨慎驾驶(表2-26)。

各运营相关岗位人员操作 表2-26

行车调度员	驾 驶 员	设备维修调度员
在故障区内,立即扣停后续列车,防止同一区间两列车追尾事件发生,平衡列车间隔;加强列车间隔监控并指示在故障区内的所有列车驾驶员必须在得到行车调度员指令后,才可以用RM模式离站;指示驾驶列车离开故障区的驾驶员,要确定列车已驶离有关的事故区后,并在车载ATC系统的允许下恢复ATO模式运行	向列车内的乘客通报调整信息,安抚乘客;故障区内的列车驾驶员把车扣停在站台,等候行车调度员的进一步指示后,才可以用RM模式动车;刚驾驶列车离开故障区的驾驶员在确定列车已经驶离有关的事故区后,要及时通报行车调度员,并在车载ATC系统的允许下恢复ATO模式运行	启动多方面措施,查找轨旁ATP系统的故障,准备备件,及时排除故障

（3）故障排除恢复正常运行表（2-27）。

各运营相关岗位人员操作　　　　　　　　　　　　　　表2-27

设备维修调度员	调 度 长	行车调度员	驾 驶 员	行车值班员
向调度长报告轨旁ATP系统故障排除	当接获设备维修调度员的汇报，确定有关的故障已经排除后，指示行车调度员通知所有列车驾驶员	通知所有列车驾驶员故障已经排除，并要求各自检查列车在接收两个新报文后是否能够正常转换为SM模式，并及时向行车调度员报告	各列车驾驶员分别报告在用RM模式驾驶列车的过程中，列车能够自动转换为SM模式；向乘客通报故障已经排除；恢复正常运行	向乘客通报故障已经排除，恢复正常运行

单元三　供电设备故障应急处理

一、城市轨道交通供电系统构成（相关资源参见二维码23）

二维码23

根据功能的不同，城市轨道交通供电系统一般划分为以下几部分：外部电源、主变电所、牵引供电系统、动力照明供电系统、杂散电流腐蚀防护系统、电力监控系统。

1. 外部电源

城市轨道交通供电系统的外部电源就是城市轨道交通供电系统主变电所供电的外部城市电网电源。外部电源方案的形式有集中式供电、分散式供电、混合式供电。集中式供电通常从城市电网110kV侧引入两回电源，按照地铁设计规范要求，至少有一回电源为专线。

2. 主变电所

主变电所的功能是接受城网高压电源（各地域不同，常见的有110kV、66kV等），经降压为牵引变电所、降压变电所提供中压电源（通常为35kV或10kV），主变电所适用于集中式供电。主变电所接线方式为线变式或桥形接线。

3. 牵引供电系统

牵引供电系统的功能是将交流中压经降压整流变成直流1500V或直流750V电压，为地铁列车提供牵引供电，系统包括牵引变电所与牵引网，牵引网包括接触网与回流网。接触网有架空接触网（直流1500V）和接触轨（直流1500V或750V）两种悬挂方式，大多数工程利用走行轨兼作回流网；少数工程单独设置回流轨。

4. 动力照明供电系统

动力照明供电系统的功能是将交流中压（35kV或10kV）降压变成交流220/380V电压，为运营需要的各种机电设备提供电源。

5. 杂散电流腐蚀防护系统

杂散电流腐蚀防护系统的功能是减少因直流牵引供电引起的杂散电流并防止其对外扩

散,尽量避免杂散电流对城市轨道交通主体结构及其附近结构钢筋、金属管线的电腐蚀,并对杂散电流及其腐蚀保护情况进行监测。

6. 电力监控系统

电力监控系统的功能是实时对地铁变电所、接触网设备进行远程数据采集和监控。在城市轨道交通控制中心,通过调度端、通信通道和变电所综合自动化系统对主要电气设备进行控制,实现对整个供电系统的运营调度和管理。

二、正线大面积停电应急处理

城市轨道交通大面积停电是威胁城市轨道交通安全运营的一个重要因素。城市轨道交通大面积停电通常是指城市轨道交通系统整体或较大范围内电力供应中断,严重影响列车运行及乘客正常出行。

1. 城市轨道交通大面积停电的成因和危害(相关资源参见二维码24)

1)城市轨道交通系统大面积停电的构成因素

(1)电力设备故障。

城市轨道交通电力设备故障,包括变电所的变压器发生故障、整流机组故障、断路器故障、传输电缆故障、接触网(轨)故障以及电力 SCADA 系统故障等。

(2)外界电网故障。

当城市轨道交通所在市域的电力网发生故障时,也可能造成城市轨道大面积停运。

(3)其他因素。

自然气象灾害可能会对电网造成影响,进而引起停电;人为刻意的破坏,例如恐怖袭击、爆炸、火灾都有可能会引起大面积停电,相关的地面施工和其他行为也有可能对电力系统造成破坏。

2)城市轨道交通系统大面积停电的危害性

2007年10月23日,日本东京地铁大江户线由于变电所出现问题突然停电,造成全线停运,1300人被困在地铁列车上。工作人员打开紧急逃生门疏散乘客,但一次只能通过1人,于是有乘客被困车厢约2h之后,10人因身体不适被送往医院治疗。日本东京都交通局表示,这次停电30min之后,部分列车恢复运行,但仍有部分区间列车停驶,直至3h之后才全部恢复。这场停电事故总共导致大江户线72班地铁列车停驶,9.3万人行程受到影响。

(1)影响乘客正常出行。

由于城市轨道交通以电作为动力,一旦供电中断,列车就面临运行瘫痪的危险,电客车停止运行并可能停在隧道。在现代城市中,城市轨道交通作为一种快速、大容量的交通工具,在城市交通体系中承担着极其重要的责任。如果供电中断造成城市轨道交通停运,乘坐城市轨道交通的这部分客流就必然会在短时间内迅速转向地面交通,这对地面交通将是一个巨大的考验。而由于人数的突然增加,也必然会影响到地面交通的服务质量,造成乘客出行时间的增加和出行效率的降低。

(2)产生瞬间大客流,短期难于疏通。

在人员疏散过程中产生瞬间大客流,易引起乘客恐慌,可能会造成踩踏、挤压等乘客伤害事件。城市轨道交通在一种相对密闭的环境中运行在地下区段没有自然采光,仅靠灯光照明。大面积停电之后如果应急照明不能及时启动,乘客将被置于黑暗之中。即便有应急照明可以使用,其照明的广度和亮度也不足以与正常照明相比,在这种毫无思想准备的情形之下会给乘客带来压抑和恐惧。此外,如果大面积停电发生在客流高峰时段,疏散的难度必然加大。一旦客运组织不利,就很容易发生踩踏、挤压等乘客伤害事件,给乘客造成心理和身体上的双重伤害。

(3)用电设备无法工作,引发次生危害。

由于供电中断,可能造成通信信号机电等系统不能正常使用,从而引发次生故障和灾害。如:通信受影响,应急指挥乘客疏导不灵敏;空调、通风设备停运,列车、车站环境质量变差;排水不畅引发水淹钢轨、隧道;人员可能被困在电梯中;给水中断,消防、生活用水不能保证;可能发生火灾治安等事件。车站列车照明仅能维持较短时间的正常情况,大面积停电后诸如通信信号等系统应由UPS供电,以保证其能够在一段时间内继续使用。然而,一旦停电时间过长或UPS本身出现问题,将无法保证这些系统的正常使用,会给城市轨道交通带来潜在的次生影响。如果不能及时应对,也会给乘客疏散、列车调整、应急指挥故障抢险等工作带来更大的困难,甚至危及乘客和员工的安全。

(4)影响城市轨道交通在公众中的形象。

在发生大面积停电事件之后,乘客的利益受到损害,他们对城市轨道交通的认知度和忠诚度随之降低。由于涉众之广、影响之大,会使城市轨道交通企业的形象受到严重的负面影响,并在短时期内无法消除。

2. 城市轨道交通大面积停电处理原则

城市轨道交通大面积停电突发事件的一大预防难点就在于其不可预知性,无论是其影响范围还是其危害程度都难以预测。所以当停电突发事件发生时必须把握相应的救灾原则,进而及时救灾,降低事故影响。处理城市轨道交通大面积停电突发事件的主要原则如下:

①处置供电系统突发停电事件要求判断正确反应快速、措施稳妥。按"以人为本、服务乘客快速处置、尽快恢复减少对运营造成的影响"为原则。

②实行高度集中统一指挥,各岗位员工要听从指挥和分工。

③做好停电后的设备保护工作。

④根据需要,在确保安全的情况下,恢复供电后尽快投入运营。

3. 城市轨道交通大面积停电应对措施

1)控制中心的应急处理工作(表2-28)

控制中心的应急处理工作　　　　　　表2-28

序　号	岗　位	作业程序
1	控制中心	立即启动应急预案,向相关部门通报信息
2	电力调度员	判断故障原因、调整运行方式,尽快恢复供电且优先恢复折返站交流供电分区的供电。若是地方供电公司原因引起失电则加强与地方供电公司调度的联系,配合做好故障处理的有关要求,并做好恢复送电的准备工作

续上表

序 号	岗 位	作 业 程 序
3	行车调度员	通知失电范围内的车站将站台门置于"常开"位,并将PSL(站台门控制台)打至"互锁解除"位;通知失电的折返站人工办理列车进出折返线的进路;要求司机加强列车状态监控,发现网压异常时尽量维持进站。行车调度员根据列车折返完成情况,控制好行车间隔
4	环控调度员	加强对FAS、BAS监控,确认失电车站的事故照明和导向是否正常开启,确认残疾人电梯内是否困人,确认环控设备故障情况并为恢复送电做好准备
5	维修调度员	通知供电、通信信号、机械自动化、工务等专业人员前往失电车站和变电所检查设备运行情况,为恢复供电做好准备。信号部门派人赶到折返站配合车站人员确认信号设备运行情况,为道岔设备恢复正常运用做好准备
6	客运值班员	向未受影响车站通报故障信息和列车运行晚点情况,及时与客服热线更新最新运营信息

控制中心根据停电的发展情况,做好城市轨道交通部分车站中断运营的准备工作。

2) 车站的应急处理工作

①增派工作人员、公安人员到站台,加强维持站台秩序。当站台门打至"常开位"时,及时做好乘客防护工作,防止乘客落入轨行区。

②控制进站客流,及时回收单程票,并向乘客做好IC卡更新等解释工作。

③确认车站事故照明和导向工作情况,如有异常及时报设备调度员,并穿上荧光衣,带好应急灯手提广播,引导乘客出站。

④确认残疾人电梯内是否有人,并检查电扶梯是否有乘客跌伤。

⑤加强车站防火巡查和治安保卫工作。

⑥若折返站失电时,车站应立即派人带好无线手持台下线路,人工办理列车折返进路。

⑦必要时,根据控制中心指令做好关站的准备工作。

3) 司机的应急处理工作

①加强列车运行状态监控和区间线路观察如因区间照明亮度受影响,可以降低运行速度;在失电车站限速进站,并加强对站台轨行区的观察,以确保行车安全。

②发现列车网压偏低时,及时通知行车调度员并做好乘客广播宣传工作(在空调运行季节,将列车空调改为通风状态,以减少列车负荷用电)。

③在列车快到失电车站于停车前要进行人工广播,提醒乘客要按车站工作人员的引导出站。

④发现区间有积水情况时,及时通知行车调度员。

⑤在折返站折返时,要确认道岔开通方向是否正确及线路是否出清。

4）相关专业人员的应急处理工作

①驻站人员听从车站值班站长安排，配合车站做好应急处置工作。

②检查各自专业所属设备故障情况，并防止故障的进一步扩大。

③确认 UPS 能正常工作，在快没电前应及时通知设备调度员。

④做好恢复供电前的准备工作，并确保各自专业设备房的消防安全。

⑤恢复送电后，确认各自专业设备功能满足正常运营条件后，向设备调度员汇报。

⑥在停电期间，车辆段信号楼的调度应密切关注基地信号设备的运行情况，做好非正常接发列车的准备工作，安排段内所有列车降弓，工程车司机做好动车救援准备。

4. 城市轨道交通大面积停电车务、客运部门应急处理程序

1）OCC 应急处理程序

（1）正线接触网供电故障应急处理程序（表 2-29）。

正线接触网供电故障应急处理程序　　　　表 2-29

值班主任	行车调度员	电力调度员	环控调度员
向当值调度宣布进入接触网供电故障处理状态；确认故障影响范围，制订行车方案，指挥行车调度员执行，要求电力调度员尽快组织处理；向客运部、安保部、公司分管领导汇报；和电力调度员制订越区供电方案及了解影响；及时向电力调度设备调度员了解故障处理进展情况	如接触网断线或绝缘子击穿短路引起跳闸，则扣停接近故障地点的列车在车站，并通知司机；要求受影响区域正在运行的司机驾列车滑行到达前方站；确认在故障区停留列车的位置及列车服务号；通知各站及车厂信号楼调度员故障情况；电力调度员要求时，通知故障区域的列车降下受电弓；必要时，准备列车救援；如刮弓或支柱定位故障，则扣停接近列车并退回发车站；如来不及，则要求司机降下受电弓滑行过故障区段；列车停在区间不能动车时，行车调度员按规定组织车站和司机隧道落客，通知相关车站；组织非故障区间列车维持运营；执行越区供电后的运行方案；组织故障区间故障抢修，检查安全防护措施实施情况；故障恢复，确认送电按图调整运行	指示有关人员确认接触网故障的位置及影响范围；通知值班主任故障范围，必要时停电抢修接触网；要求行车调度通知司机降下受电弓或限速降弓运行；注意停电区段并采取安全措施；确定停电区段内的刀闸开关分开；通知设备调度员故障情况，并要求其尽快派出抢险车	确定停电影响范围和是否有列车停在区间内；有列车停在区间内时监控 BAS 执行阻塞模式；按电力调度员要求，如有限制电负荷需要或控制三类负荷需求，则对相关车站下达停开部分或全部环控设备的命令；通知站务检修人员配合抢修；在事故处理过程中，注意值班主任、行车调度员、电力调度员、设备调度员的通知；恢复设备运行

（2）主所跳闸的供电故障应急处理程序（表 2-30）。

主所跳闸的供电故障应急处理程序 表2-30

值班主任	行车调度员	电力调度员	环控调度员
向当值调度员宣布：进入主所跳闸供电故障处理状态；要求电力调度员组织处理，尽快恢复供电，与电力调度员协商处理办法；向客运部、安保部公司分管领导汇报；影响运营时，根据电力调度员提供的影响范围和行车调度员制订行车方案	通知全线司机故障情况及留意网压显示，发现低于1200V时报告行车调度员，如列车无网压时，尽量惰行进站；通知全线及车场信号楼调度员故障情况；遇网压低于1200V，则按值班主任的方案组织行车；并通知各站做好客运服务工作	指示主所值班员确认故障部位及影响范围；全所失压通知值班主任、环控调度员和设备调度员，并尽快与地方电力调度联系，确认故障原因并要求地方电力调度尽快恢复供电；一条进线失压，切开进线开关投入35kV母联开关，恢复三类负荷供电；35kV馈线开关故障，切除故障馈线开关、电缆和相关变电所进线开关，通过变电所35kV联络开关恢复供电，恢复三类负荷供电	通知站务检修人员检查受影响情况，根据电力调度员要求通知受影响车站关闭三类负荷；根据供电恢复情况，指挥车站恢复部分或全部车站机电设备的运行

(3) 降压变电所供电故障应急处理程序（表2-31）。

降压变电所供电故障应急处理程序 表2-31

值班主任	行车调度员	电力调度员	环控调度员
向当值调度宣布：进入降压变电所供电事故处理状态；要求电力调度员组织处理，尽快恢复供电；向客运部、安保部、公司分管领导汇报	如果影响车站站台照明亮度则通知有关列车司机降低进站速度至40km/h，并加强瞭望；通知相关车站做好乘客引导工作	开关故障，影响三类负荷，通知设备调度员组织人员检修；进线失压，会引起该供电区内本所以下的所有车站三类负荷停电，尽快调整运行方式恢复供电或转移负荷；35kV母线故障，切开全部35kV开关把该变电所退出运行，通过下一个变电所的35kV联络开关恢复受影响变电所供电；变压器故障，撤除故障变压器，停止故障所的三类负荷；更换故障的保护元件	通知车站关闭三类负荷；通知站务检修人员进行抢修；要求站务检修人员对低压设备进行检查，根据站务人员检查情况，判断是否需要机电派人协助抢险并通知设备调度员；根据变电所送电情况恢复部分或全部车站机电设备运行；注意车站客流情况防止新风量不足导致乘客缺氧

(4) 中间牵引所跳闸的供电事故应急处理程序（表2-32）。

中间牵引所跳闸的供电事故应急处理程序 表2-32

值班主任	行车调度员	电力调度员	环控调度员
向当值调度员宣布：进入相应的牵引所供电事故处理状态；要求电力调度员组织处理，尽快恢复供电，和电力调度员协商处理办法；向客运部、安保部、公司分管领导汇报；影响运营时，根据电力调度员提供的影响范围和行车调度员制订行车方案	确定故障区列车号、停留地点，列车在区间时要求故障区司机尽量惰行进站；电力调度要求时，通知故障区列车降下受电弓；指示各站扣停将要进入无电区的列车，同时通知司机；通知各站及车场信号楼调度员；执行值班主任应急方案，组织好相关列车运营	向值班主任、设备调度员通报有关故障情况；通知变电所值班人员检查设备及所内PC机记录，根据值班员汇报判断故障性质及影响范围；控制电源失压引两所设备停电及时恢复送电；为框架保护联跳，退出故障所进行越区供电；全所失压通知环控调度员控制三类负荷；直流馈线电缆故障退出故障电缆实行越区供电；接触网故障引起的组织抢修接触网，同时对变电所相关开关设备进行检查	确定停电影响范围和是否有列车停在区间内；有列车停在区间内时监控BAS执行阻塞模式；按电力调度员要求，如有限制电负荷需要或控制三类负荷需求，则对相关车站下达停开部分或全部环控设备的命令，在事故处理过程中，注意值班主任、行车调度员、电力调度员、设备调度员的通知；恢复设备运行

2）司机应急处理程序

司机遇到线路停电应迅速报告行车调度员，报告内容包含停电时间地点、列车情况（正常照明、事故照明）、影响情况、报告人的职务和姓名。

信息报告后，即按行车调度员指示执行维持列车惰行，尽可能进站对标停车；如果客车一部分停在站内或停在隧道内，司机应立即报告行车调度员；并按照行车调度员的指示执行；不断用广播安慰列车内的乘客（不要恐慌，注意安全）。救援人员到达后，司机打开距离车站较近一端的车门，乘客在救援人员的带领下进入车站并根据车站的疏散程序进行疏散。

3）车站应急处理程序

车站发生停电后立即向控制中心、客运部安保部、公司分管领导报告，报告内容包含停电时间、地点车站情况（正常照明、事故照明）、影响情况（行车设备、售检设备、广播、监视器）、报告人的职务和姓名。各岗位人员具体应急处理见表2-33。

车站应急处理程序　　　　　　　表2-33

值班站长	行车值班员	客运值班员	站台站务员	站厅站务员	票务岗站务员
指示票务岗停止售票，客运值班员、站务员拿应急灯到站台；根据现场实际情况，在得到行车调度员的同意后关闭车站；接到疏散的命令，即用广播疏散站厅的乘客；不断用广播安慰站台的乘客"不要恐慌，注意上下车的安全"；广播通知恢复供电的信息；来电后报告行车调度员，通知站厅站台的员工，保安将应急灯放回原位，恢复运营服务	发现停电后，即报告行车调度员、电力调度员、警务站和站务中心；根据行车调度员命令做好行车组织工作，必要时联系行车调度员，要求列车进行限速；接到行车调度员命令，车站退出运营；通过监视器加强对站台监视，注意站台安全	按值班站长指示，拿应急灯下站台维持秩序；与站台的员工、保安一起，照顾好上车的乘客以确保安全；与站务员及保安一起照顾站厅的乘客；协助站务员疏散站厅的乘客；安排票务岗和站厅岗站务员回岗恢复服务工作	发生低压配电没电及故障照明故障，拿出应急照明，并向值班站长报告；保护站台的安全，按规定立岗接车	拿手提广播到站台维持秩序；用广播提醒乘客上车注意列车与站台空隙；听从值班站长的指挥，关闭车站出入口	停止售票，将票与款收好锁好；听从值班站长指挥，做好解释疏导工作，维护车站秩序

三、牵引供电分区停电应急处理

1. 概述

在城市轨道交通供电设备故障中，由于牵引变电所设备大多采取冗余设置，因此牵引变电所解列造成牵引供电分区临时停电的情况并不常见，而多数牵引供电分区停电故障是供电线路的个别位置短路等室外设备故障造成的相邻牵引变电所的直流馈线断路器跳闸所引起，如图2-13所示。

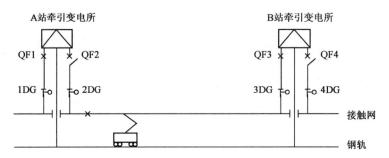

图 2-13 室外设备故障引起牵引供电分区停电示意图

引起牵引供电分区停电的故障按故障点位置可分为室内设备故障和室外设备故障。室内设备故障在调度员判断准确运行方式调整果断的情况下,对正线行车的影响还是可以控制的。而由于室外供电设备的唯一性,大多需要供电维修人员现场抢修后才能排除,因此对运营工作的影响比较大。

当某个供电分区停电故障原因不明时,电力调度员必须先对故障点进行判断,然后再有针对性地采取抢修措施。如图 2-13 所示,当 A 站至 B 站间的供电分区失电时,电力调度员一般会采取排除法确定故障点:在确认失电区域所有列车降弓后先分开 A 站牵引变电所馈线隔离开关 2DG 试送 B 站牵引变电所馈线断路器 QF3,如果送电成功,则说明故障点在 A 站牵引变电所内;如果送电不成功,则说明故障点在 B 站牵引变电所内或两座变电所间的牵引网上。下一步措施是合上 A 站牵引变电所馈线隔离开关 2DG,分开 B 站牵引变电所馈线隔离开关 3DG,试送 A 站牵引变电所馈线断路器 QF2,如果送电成功则说明故障点在 B 站牵引变电所内;如果送电不成功,则说明故障点在两座变电所间的牵引网上,这样就使得故障检查的范围大为缩小。

在找到故障点后,接下来的工作就是由设备维修调度员和电力调度员组织人员进行设备抢修,行车调度员在设备抢修的同时组织在非故障区的列车维持适度运营。

对于行车组织工作来说,根据对行车秩序影响程度的大小和故障维修方法的不同,一般可将牵引供电分区停电故障分为接触网类故障和弓网类故障。

2. 接触网故障应急处理方法(相关资源参见二维码 25)

在牵引供电系统的故障中,发生频率最高、影响最严重的莫过于接触网设备的故障,譬如绝缘瓷瓶破损、雷击造成设备损坏、外部设施碰触接触线和异物缠绕在接触网上等情况,在城市轨道交通的运营过程中均有发生。

二维码 25

接触网设备的故障既可能由室外设备故障引起,也可能由室内设备故障引起。室内设备故障的抢修由于不需要下到轨行区,对行车工作的干扰相对于室外设备故障要小。而室外设备一旦故障,由于室外设备的唯一性需要抢修人员停电下到轨行区现场处理,因此室外接触网设备出现问题将会对城市轨道交通的运营服务造成严重的影响,行车指挥人员对列车运行秩序调整的难度也比较大。

接触网设备故障发生后,接近故障地点的列车司机、车站应在第一时间将故障的地点、位置和是否影响行车等情况通报控制中心,控制中心电力调度员应立即通过电力监控系统确认故障区域电力设备的运行状态,并通知专业值班人员迅速前往事发地点确认接触网故障情况。

如果接触网发生跳闸失电,行车调度员应立即扣停驶往无电区的列车,并要求失电区段的列车司机尽量维持列车进站停车。如果列车不得已停在区间,并且接触网短时间内无法恢复供电,司机应经行车调度员同意后组织区间清客,相邻车站的工作人员要做好接应准备。同时行车调度员还要通过小交路或单线双向运行等调整手段,最大程度地维持非故障区间的运营服务。

已停在区间时,如果因接触网短时间内无法恢复供电而进行了区间清客,在一般情况下清客后的列车可以在接触网恢复供电后自行驶离故障区,在接触网断线等特别严重故障的情况下,需要先出动工程车将列车拖离,再出动接触网检修车进行检修作业后方能恢复供电。

如果接触网没有失电,仅是个别地点的设备故障影响行车,行车调度员应命令故障区段的列车司机尽量以换弓或降弓惰行的方式通过故障地点。如果无法通过故障地点,则行车调度员应在采取运营调整措施后,命令列车司机退回车站,然后再封锁区间组织力量进行抢修。

当需要对接触网故障进行停电抢修时,行车调度员应及时将故障区间封锁,由设备维修调度员组织力量进行故障抢修作业。抢修人员的抢修工作应遵循"先通后复"的原则,尽可能减少中断行车的时间。在确保行车安全的前提下,可以采取临时措施恢复行车,待运营结束后对故障地点设备进行进一步检修,确保不影响次日运营服务。

弓网类故障的处理方法和接触网类故障的处理方法的不同之处主要表现在两个方面,一方面是产生的原因不同,弓网类故障的产生主要由受电弓和接触网的接触摩擦引起,而接触网故障主要来自供电设备本身;另一方面是故障处理的难度不同,由于受电弓和接触网设备的唯一性,因此一般来说弓网类故障的处理难度要大于接触网类故障。一旦弓网类故障引起接触网停电,由于既牵涉到受电弓,又牵涉到接触网,所以在故障抢修中经常需要供电专业和车辆专业的人员配合作业,在抢修过程中很可能出现既需要出动接触网检修车维修接触网,又需要出动内燃动力的工程车拖走故障列车,同时由于耽误时间较长还要组织区间清客的复杂局面,这就对调度员在设备抢修过程中的组织协调能力和调度指挥水平提出了很高的要求。

单元四　车站设备故障应急处理

站台屏蔽门系统是安装在车站的站台边缘,将站台区与轨行区隔离的设施。它具有防止人员及物品掉下轨道,降低空调能耗,降低站台列车运行噪声的功能,还可以消除活塞风对站台乘客的影响,提高乘客候车舒适度等。在日常的使用过程中,站台屏蔽门难免会出现故障或人为因素造成对运营生产的影响,为防止站台屏蔽门系统故障引起安全事故,保证行车安全,提升运营水平。就要在熟练使用站台屏蔽门的基础上,熟悉各种情况下的应急处理方法。为此,通过本模块的学习,以达到熟练操作设备、自如应对突发情况的目的。

一、站台屏蔽门概述

1. 站台屏蔽门的定义

站台屏蔽门一般称站台门,是沿站台边缘布置,将车站站台与行车轨道区域隔离开,可以排除乘客误落入轨道的危险因素,同时降低能耗的机电一体化设备。

站台门是隔离站台候车区与轨行区的重要安全设备,可充分保证行车安全与候车乘客的人身安全,故而一般城市轨道交通的站台门都实现了与车门的联动开关,并纳入信号系统联锁。发生站台门故障时,将影响站台列车不能动车出站或站外列车不能进站。为了减少对运营的影响,站务员要按照"先通后复"的原则处理站台门故障,即在保证安全的前提下,先快速做初步处理,尽量让列车恢复运行,之后再处理和维修,以确保列车准点运行。

2. 站台门的组成(相关资源参见二维码26)

站台门系统主要由玻璃门体、控制系统及电源系统组成,其中玻璃门体由滑动门、应急门、固定门、端头门组成。滑动门是乘客上下列车的主要通道,由车站电脑系统控制,与城市轨道列车车门同步开门或关门。

二维码26

3. 站台门的优先级控制(相关资源参见二维码27)

1)系统级控制

在正常运行模式下由信号系统直接对站台门进行开、关门控制的方式。

2)站台级控制

由列车司机或站务人员通过站台就地控制盘对站台门的控制方式。

二维码27

3)就地级控制

若某档站台门出现故障需要检修,站台工作人员通过操作就地控制盒(LCB,Local control Box),使此档站台门与整个系统隔离,方便维修;通过操作就地控制盒"开门/关门"按钮使该档活动门动作,而不影响列车的正常运行。

二、站台门故障应急处理

1. 站台门故障分析

1)站台门故障类型

①站台门漏电。

②站台门不能打开、站台门玻璃脱落或者倒下路轨。

③站台门倒塌或破裂。

④应急门紧急时不能开启。

⑤端头门被列车进入站台时产生的气压推倒或不能打开。

⑥滑动门无法正常开关或在站台拥挤时活动门倒塌。

⑦站台门开闭不到位。

⑧列车客室门和站台门不能够同步开关。

⑨站台门突然开关。

⑩手动开锁机构在紧急情况下无法打开应急门。

⑪站台关闭后列车没有接受"站台门已关好"的信号,令列车不能开启。

2)站台门故障原因

①风压、乘客或外力撞击。

②应急门的支撑及固定装置松动、脱落。

③维修不足,安装质量问题。

④滑动广滑槽内有异物。

⑤传动机构故障。

⑥固定件松动。

⑦元器件老化损坏。

⑧电磁干扰,断电。

⑨软件缺陷失效。

⑩司机误操作。

⑪站台门开关动作失误。

⑫端头门未关闭。

⑬与信号及综合监控后备盘接口故障,线路故障。

2. 站台门故障处理原则与要点

1)站台门故障的处理原则(相关资源参见二维码28)

①发生站台门故障时,要按照"先通车后恢复"的原则进行处理,在保证安全的前提下,车站人员要尽快处理,及时向司机显示"好了"信号,司机在确保安全的情况下按时刻表的要求行车,确保站台乘客人身安全,客车准点运行。

二维码28

②需要人工手动打开单个或几个站台门时,车站必须征得行车调度员同意,先将门隔离和关闭电源,并密切注意站台 PIDS 屏显示的列车到站时间,当显示"列车即将到达"信息时必须停止操作。

③对不能关闭的滑动门,必须设置安全防护栏或安排专人看护。专人看护时,原则上每个人只监护五档相邻站台门。

④当运营中站台门发生异常情况时,司机、车站人员要及时进行处理,在做好行车组织的同时做好乘客广播引导等客运组织工作。

⑤应急处理过程中的行车组织必须严格按照行车组织规则的有关规定执行。

2)站台门故障的处理要点(相关资源参见二维码29和二维码30)

①单个或少数站台门的滑动门故障时,需由站台站务员使用专用钥匙及时将故障的滑动门切除。

二维码29

②较多站台门的滑动门故障时,或站台门检测回路故障,影响站台门系统与信号系统的互锁关系,导致列车不能正常运行时,用专用钥匙切除站台门与信号系统的互锁关系(即在 PSL 上激活"互锁解除"按钮),恢复列车运行。

③站台门故障(如失电)导致所有滑动门不能开关时,需由站台站务员使用专用钥匙直接逐个开关滑动门,待乘客上下车(一般称为就地级操作)。为节约时间方便乘客上下车,保证每节车至少有两对车门对应的站台门能手动开启。

二维码30

④站台门故障时,司机、站务员须同时做好乘客广播及引导工作,让乘客从正常的站台门上下车。当多对站台门故障时,应保证没有连续不能开启或关闭的滑动门出现,以避免影响乘客上下车。站台门修复以后要对相应侧的站台门进行一次开关门试验,确认故障排除。

实践训练

(1)在实训室运用模拟仿真软件,进行车辆设备的结构认知和故障应急处理,并填写实训任务单。再模拟演练进行车辆设备的故障应急处理。

①实训模块(表2-34)

车辆设备故障表　　　　　　　　　　　　　　　　　　　表2-34

车辆设备故障	处理流程	具体操作步骤
牵引系统故障		
制动系统故障		
车门控制系统故障		
高压回路系统故障		
辅助电源系统故障		
电动列车空气制动及风源系统故障		
广播及乘客信息系统故障		
走行部故障		

②模拟演练(表2-35)

小组应急处理成员表　　　　　　　　　　　　　　　　　表2-35

小组应急处理成员	姓　名	岗　位	工作程序
组长			
组员1			
组员2			
组员3			
……			

(2)在实训室运用模拟仿真软件,进行信号设备的结构认知和故障应急处理并填写实训任务单(表2-36)。

信号设备故障表　　　　　　　　　　　　　　　　　　　表2-36

信号设备故障	处理流程	具体操作步骤
道岔故障		
轨道电路故障		
转辙机故障		
联锁系统故障		
ATS系统故障		
ATP系统故障		

(3)在实训室运用模拟仿真软件,进行供电设备的结构认知和故障应急处理并填写实训任务单(表2-37)。

供电设备故障表 表2-37

供电设备故障	处理流程	具体操作步骤
接触网停电,列车被迫停在区间		
牵引供电分区停电		

(4)模拟演练进行车站设备的结构认知和故障应急处理,并填写实训任务单(表2-38、表2-39)。

①突训模块

车站设备故障表 表2-38

车站设备故障	故障类型	故障原因	故障处理原则
站台门故障			

②模拟演练

小组应急处理成员表 表2-39

小组应急处理成员	姓　名	岗　位	职　责
组长			
组员1			
组员2			
组员3			
……			

模块三　大客流应急处理

模块描述

城市轨道交通站点大多设置在商业繁华区域、大型活动场附近以及规模较大的住宅区等，因此某些车站尤其大型换乘站常会遇到大客流。为了保证乘客的安全和正常的运营秩序，车站在出现大客流时遵循大客流应急原则与程序，灵活运用大客流应急措施，熟练对大客流进行引导与疏散，快速、高效地处置运营大客流事件，避免秩序混乱失控，将事件造成的影响降到最低限度，确保地铁安全运营与乘客人身安全，具有重要的意义。本模块从大客流的成因和类型进行展开，指导学生熟悉对大客流进行引导与疏散的设置以及大客流应急处理情况下不同岗位的职责。

思维导图

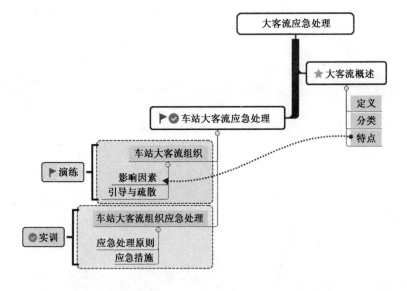

知识目标

(1) 掌握大客流的概念；

(2)熟悉大客流的成因及其类型；
(3)了解影响大客流组织应急的客观因素；
(4)熟练掌握大客流引导与疏散的设置与操作；
(5)熟练掌握各项大客流应急措施；
(6)熟悉大客流应急处理情况下不同岗位的职责。

技能目标

(1)学会分析大客流成因及类型，能预测大客流的产生；
(2)能熟练运用大客流应急处理的原则、程序应对大客流事件；
(3)能灵活运用大客流应急措施进行大客流应急处理；
(4)能熟练使用大客流引导与疏散的主要设置；
(5)能够胜任大客流应急处理情况下不同岗位的职责。

知识准备

单元一 大客流概述

一、大客流定义

大客流是指车站在某一时段客流激增，集中到达的客流量超过车站正常客运设施或客运组织措施所能承担的客流量，并呈继续增加趋势。

大客流表现为客流非常拥挤或极度拥挤、乘客流动速度明显减小、客流交叉干扰等，对乘客的出行造成不利影响，对运营安全造成了较大危害。

因此，预见大客流并及时合理编制客流组织方案，对城市轨道交通车站实施客流组织具有重要意义。通常情况下，大客流的出现具有规律性和可以预见性，如大城市由于通勤原因引起的每天早晚高峰：上班高峰一般在7:30~9:30，下班高峰一般在16:30~18:30 由于外界因素引起的大客流，如节假日的客流高峰期；举办重大活动(大型体育赛事、文艺表演)形成的客流风雨雪等恶劣天气情况引起的客流大幅增加等。但在轨道交通实际运营活动中，也常碰到不可预见、因突发性事件而形成的大客流。

二、大客流分类

1. 根据大客流产生的原因分类

根据大客流产生的原因，可分为如下四类：
1) 常态化大客流
常态化大客流是指为实现日常的通勤、上学、外出、商业活动等正常的生产、生活活动而产生的持续性大规模客流。常态化大客流的发生时间和发生地点较规律，一般持续时间较长，如离住宅、办公、商业区较近的车站会在上、下班时段客流大幅上升。车站需提前制定完善的客流组织方案。

2）突发性大客流

突发性大客流是指由于体育场馆、影剧院等大型公共场所举办大型活动结束时所引发的城市轨道交通车站短时间内大规模聚集客流。其受活动地点、时间、规模等影响较大，具有突发性和不确定性，给活动周边车站的运营管理人员带来了极大的压力和挑战。

3）节假日大客流

节假日大客流主要是指国家法定节假日，如元旦、春节、清明节、劳动节、中秋节和国庆节及学生7～8月份暑假所造成的较平时明显增加的客流。乘客主要包括旅游观光、返乡探亲、休闲购物等，暑期大客流主要是放暑假的学生。春节前后大批外地劳务人员返乡，必然对铁路客运站和长途汽车站附近的地铁车站造成较大冲击。元旦、清明、端午、中秋等假期较短的节日，游客不会对地铁客流变化产生较大影响，但市民出行、购物会给商业区附近车站产生较大客流。节假日轨道交通车站尤其是靠近旅游景区、购物商场的车站客流较平时有大幅上升，购买车票和初次乘坐地铁的乘客比例较大。

4）其他大客流

其他大客流是指乘客受雨雪、大风等天气影响，地面交通受阻，大量乘客改乘轨道交通造成车站客流量明显增加的情形。由于难以提前预估可能改乘地下交通工具的客流量，对车站客流组织带来一定困难。

2. 根据大客流可能造成的危害程度、影响大小等情况分类

根据大客流可能造成的危害程度、影响大小等情况，可分为一级大客流和二级大客流。

1）一级大客流

各车站根据本站的正常乘客数量进行比较，站台聚集人数达到站台有效区域的80%，并且持续时间大于实际行车时间间隔者一级大客流会给乘客及轨道交通运营安全造成影响，存在明显的安全隐患。

2）二级大客流

各车站根据本站的正常乘客数量进行比较，站台聚集人数达到站台有效区域的70%，并有持续不断上升的趋势者。在二级大客流情况下乘客的正常出行和轨道交通所提供的服务水平受到一定程度的影响，车站比较拥挤，乘客感觉比较压抑，但尚未对乘客及轨道交通运营安全造成影响。

三、大客流特点

随着激增的客流，不断增长的客流量与现有车站结构的冲突日益突出，给地铁安全运营带来越来越多的问题。首先，地铁车站结构是固定的，随着客流量的增加，人员密集也在增加，可能出现客流交叉问题，造成局部区域异常拥堵。其次，随着安检设备的投入，大大降低了人员进入车站的速度，可能会在车站入口形成拥堵，随之而来的安全问题逐渐增加。另外，随着地铁网络化运营的形成，换乘客流人员增加，换乘路径中客流线路交叉的情况不断出现。

人员交织行为必然使有序的客流短时间内转为无序,通道混乱度迅速上升,安全隐患随之出现。

客流交叉对于步行设施的正常运行有以下几点影响:

1)速度影响

客流交叉导致乘客必须降低自身速度来避免行人间的冲突,有学者通过试验发现客流交叉时速度下降20%~30%。

2)通行能力下降

客流交叉可以使通行能力下降20%~40%。

3)舒适性下降

客流交叉导致乘客必须改变行走轨迹或者降低速度以避免行走客流的冲突,大大降低了行走舒适性。

4)安全性下降

在流量大、密度高、行人流线交织复杂的区域,由于速度的降低导致步行时间的延长,在部分瓶颈区域易出现拥挤、延误现象,降低整个步行设施的服务水平,安全隐患增加。

单元二　车站大客流应急处理

一、车站大客流组织

在出现大客流时,能根据车站的实际情况,遵循大客流组织与控制原则及程序,合理运用相关设置,采用有针对性措施,顺利地做好大客流应急处理工作。

1. 车站大客流组织应急的客观影响因素

城市轨道交通车站在进行组织大客流应急工作时,应充分考虑车站的具体位置、站台形式、设备配置方式、客流特点等因素,而最根本性的因素则是车站通过能力,主要受到车站自动扶梯、楼梯、出入口通道、自动售检票设备的通过能力以及列车输送能力等的影响,在此基础上再有针对性地采用措施。

根据实际运输经验,车站大客流组织的瓶颈主要体现在出入口、进出站闸机及出站厅转到站台的自动扶梯口等处。在车站客流组织过程中,只要控制好这些车站设备中的薄弱环节,就能做好车站的客流组织工作。因此,立足于客流实际情况,做好车站的设备通过能力分析,有利于提高车站在大客流情况下的客流组织效率。

1)车站出入口及通道的设置

在车站出入口及通道的数量、规模和位置已经确定,无法再改变的情况下,车站大客流组织应根据车站进出客流的方向和数量,灵活选择关闭或开放车站出入口的数量和位置,同时可改变或限定通道内乘客流动的方向,达到限制乘客进站数量和流动速度的目的。从运输安全和消防疏散的角度考虑,每个车站必须保持开通两个以上出入口及通道。

2)站厅的面积

根据城市轨道交通客流组织经验,站厅容纳率一般为2~3人/m^2。

3)站台的面积

站台主要供列车停靠时乘客上、下车使用。站台的设计应满足远期预测客流的需要,站台的宽度应满足高峰小时客流量的需要。根据实际客流组织的经验,站台容纳率一股为 $2\sim3$ 人$/m^2$。

4)楼梯与通道的通过能力

根据《地铁设计规范》(GB 50157—2013)规定,为保证一定的通过能力,楼梯的宽度不小于1.8m;通道的最小宽度不应小于2.5m。单向行走时楼梯的通过能力一般按70人/min(下行)、63人/min(上行)及53人/min(混行)计算。若采用自动扶梯,通行能力可达$100\sim120$人/min,通道的通行能力则按88人/min(单向)、70人/min(双向)计算。

5)自动售检票设备的通过能力

自动售检票设备在有无充分引导时,其通过能力是不一致的。自动售票设备在充分引导条件下,其通过能力通常为$3\sim4$人/min,在乘客自助时,其通过能力为$1\sim2$人/min;闸机则在充分引导条件下,其通过能力通常为$12\sim15$人/min,在乘客自助时,其通过能力为$8\sim10$人/min。

6)列车输送能力

列车输送能力是车站大客流组织的主要影响因素,行车间隔和车辆荷载则是影响列车输送能力的两大因素。列车行车间隔越小,车辆满载率越高,对车站客流组织的压力越大。

2. 引导与疏散大客流的主要设置

采取的引导与疏散的主要设置有:临时导向标志、警戒绳、隔离栏杆及手持广播等。

采用人工引导及通过广播引导等疏导措施,可以对客流实现分流限流,避免客流流线对流、交叉、冲出等,有助于更好地完成客运组织工作。

二、车站大客流组织应急处理(相关资源参见二维码31和二维码32)

二维码31　　二维码32

1. 车站大客流组织的应急处理原则

①整体上遵循"安全第一、统一指挥、分级控制、合理引导、及时疏散"的原则。

②以实现乘客安全运输为根本原则,保持客流运送过程通畅,尽量减少乘客出行时间成本,避免拥挤,便于大客流发生时能及时疏散。

③统一指挥,分工明确。地铁运营控制中心(OCC)负责地铁线路客流组织工作,车站的客流组织由值班站长负责。

④根据车站具体情况,分级实施控制。三级控制的控制点分别在车站出入口、入闸机处及站厅至站台层自动扶梯处。

⑤人潮控制应遵循由内至外、由下至上的原则。

⑥在各种设施设备的使用及疏导措施的运用时,坚持出站客流优先原则。

2. 车站大客流组织的应急措施

1)增加列车运能

增加列车的运能是大客流组织的关键。可根据预测客流量,提前制定针对大客流特殊情况下的列车运行图,从运能上保证大客流的运营组织在大客流发生时,根据大客流的方向,利用就近的折返线,存车线组织列车运行方案,增开临时列车,从而保证大客流的疏散。

2)增加售检票能力

售检票能力不适应是大客流疏散的主要障碍,车站在设置售检票位置时应考虑提供疏散大客流的通道。当可预见大客流情况发生时,事先做好相应票务服务准备工作。

(1)售检票设备的准备。

设备维护人员应事先对车站全部售检票设备进行维护、检修,确保在大客流发生时售检票设备能正常使用。

(2)车票和零钞的准备。

车站应根据客流预测和以往大客流所消耗的车票及零钞数,在大客流发生前,向票务部门申领和储备充足的车票和零钞。

(3)临时售票亭的准备。

车站根据大客流的进出方向,选择在进站客流较集中的位置,设置临时售票亭。站厅面积较小的车站,考虑将临时售票亭设置在进站客流较多的通道内。

3)做好进站客流组织工作

根据站台是否能容纳和承受更大的客流,分两种情况来进行进站客流组织工作,其客流组织措施如下:

(1)站台还能容纳和承受更大客流。

①增加售检票能力。准备好足够的车票、零钞;在地面、站厅增设临时售票点,增设临时检票位置或增加自动售票设备的投入。

②加开进站方向的闸机。

③加开通往站台方向的扶手电梯。

④适当延长列车停站时间。在站台上做好乘客上、下车的引导工作,在保障安全的前提下,争取让更多的乘客上车,增加本次列车的运能。

(2)站台不能容纳和承受更大客流。

①暂停或减缓售票速度,关闭部分自动售票机。

②暂时关闭局部或全部进站方向闸机。

③更改扶手电梯方向,将部分或全部扶手电梯调整为向站厅层及出入口方向运行,延缓乘客进站速度。

④适当延长列车停站时间,尽可能让更多乘客上车。

⑤采取进出分流导向措施,将部分出入口设置成能出不能进,限制乘客进入,延长站台层大客流的疏散时间。也可在公安人员的配合下关闭出入口,暂停客运服务,安排人员到出入口做好乘客服务解释工作,并张贴车站关闭的通告。

4)做好出站客流组织工作

往往为缓解出站客流车站压力,在大客流组织中坚持出站客流优先原则。在组织出站客流时应保证乘客出站线路畅通,加快出站速度,使乘客安全、快速、有序离开车站,可采取以下措施:

①更改扶手电梯方向,将部分或全部扶手电梯方向调整为向站厅层及出口方向运行。

②对于双向闸机,可将部分或全部进站闸机更改为出站闸机。

③紧急情况时,可采取票务应急处理模式,如出站免检式、AFC 紧急放行模式等。

5)采取临时疏导措施

在大客流组织中,临时合理的疏导是一项很重要的组织措施。临时疏导主要包括车站出入口、站厅层的疏导,自动扶梯以及站台层的疏导。

(1)车站出入口、站厅层的疏导。

主要是根据临时售检票位置的设置,引导、限制客流的方向。

(2)临时售检票位置。

宜设置在站外、站厅层较空旷的位置,应为排队购票的乘客留出充分的空间,确保通道的畅通和出入口,站厅的客流秩序。

(3)自动扶梯以及站台层的疏导。

主要是为了尽量保证客流均匀。站务人员应在靠近楼梯、扶梯处站岗,并分上下扶梯疏导和尽快上、下列车,保证站台候车安全。站务人员应靠近楼梯、扶梯处站岗并分散在站台前、中、后部疏导乘客。

6)疏散、清客与隔离

疏散是指在紧急情况下,利用一切通道和出入口迅速将乘客从危险区域全部转移到安全区域。按照地点可分为车站疏散和隧道疏散。

清客是指当车站或列车出现异常情况时,需要将乘客从某一区域全部转移到另一区域。清客可分为紧急情况清客,设备故障清客、车失火或冒烟清客、清客至站台、清客至轨道等多种情况。

隔离是指采用某种方式或设备人为地隔开人群或封闭某个区域,根据造成隔离的原因及隔离的组织方法,通常分为非接触式纠纷隔离、接触式纠纷隔离、客流流线隔离及疫情隔离 4 种。

上述措施常用于客流异常情况下,地铁站应根据客流成因及具体情况,因时因地选择适宜措施进行应急处理。

 实践训练

(1)在充分理解了大客流定义、分类和特点的基础上,就影响车站大客流组织应急的客观因素进行引导与疏散设置的模拟演练。

模拟演练(表 3-1)

表 3-1　　　　　　　　　　　　　　　小组应急成员表

小组应急成员	姓　名	岗　位	工 作 程 序
组长			
组员 1			
组员 2			
组员 3			
……			

（2）在实训室运用模拟仿真软件，进行大客流的应急处理并填写实训任务单。
实训模块（表3-2）

大 客 流 表　　　　　　　　　　　　表3-2

大 客 流 表	处 理 流 程	具体操作步骤
大客流措施一		
大客流措施二		
大客流措施三		
……		

模块四　恶劣天气与自然灾害应急处理

 **模块描述**

　　城市轨道交通系统的正常运营会因恶劣天气与自然灾害的影响,造成无法估量的人身和财产损失。因此,城市轨道交通运营相关人员应熟练掌握恶劣天气情况和自然灾害的运营组织工作,规范应对程序,提高应急能力和水平,尽量防范和减少恶劣天气和自然灾害对运营的影响。本模块主要介绍恶劣天气和自然灾害的各类术语和应急处理流程,并就各岗位的职责分工进行展开。

 **思维导图**

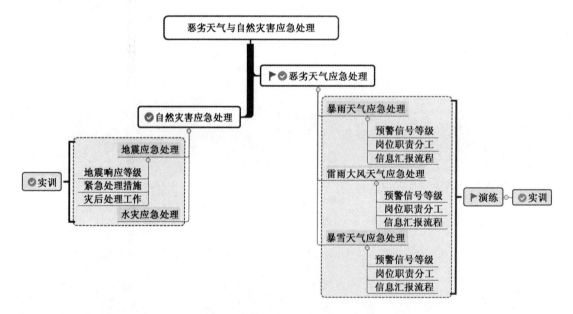

 **知识目标**

　　(1)掌握恶劣天气的各类术语和定义;
　　(2)掌握在恶劣天气情况下各岗位的职责分工;
　　(3)掌握运营过程中出现恶劣天气时的信息汇报内容和流程;

(4)熟练掌握各类恶劣天气情况下的应急处理方法和流程;
(5)掌握自然灾害的应急处理流程。

技能目标

(1)锻炼学生面临各类恶劣天气时的应急处理能力;
(2)学会车站在各类恶劣天气情况下的应急处理方法和流程;
(3)能够胜任不同岗位在遭遇各类恶劣天气时的应急处理办法;
(4)能对自然灾害的应急处理进行分析。

知识准备

单元一 恶劣天气应急处理

气候异常会给交通运输带来巨大的影响。暴雨、洪水对铁路运输的影响最大;浓雾、大雪是行驶高速公路最恶劣的气候条件;大雾以及强对流天气是航空非正常运输的最主要因素;台风、大雾对船舶的航行构成极大威胁。城市轨道交通也同样遭受到各种灾害性天气的侵害,其灾害破坏可能导致整个城市和区域经济、社会功能的瘫痪。城市轨道交通系统是城市中客流最为集中的地方之一,一旦发生灾害,将直接危及乘客的人身安全。随着城市规模的不断扩大,人民生活水平和出行需求都在不断提高,对城市轨道交通的依赖越来越大,因而灾害性天气对城市轨道交通造成危害,进而对城市造成损失的可能性也越来越大。因此,如何克服恶劣天气与自然灾害的影响,确保城市轨道交通在各种不利条件下的安全运营,是城市轨道交通运营企业必须面对的问题。

恶劣天气是指突发气象灾害预警信息所描述的天气,包括台风、暴雨、暴雪、大雾等天气。

一、暴雨天气时的应急处理

1. 暴雨的定义

暴雨是指每小时降雨量 16mm 以上,或连续 12h 降雨量 30mm 以上,或连续 24h 降雨量 50mm 以上的降水。

暴雨预警信号分为 4 级,分别以蓝色、黄色、橙色、红色表示,见表 4-1。

暴雨预警信号含义 表 4-1

暴雨预警信号(蓝色)	暴雨预警信号(黄色)	暴雨预警信号(橙色)	暴雨预警信号(红色)
12h 内降雨量将达 50mm 以上,或者已达 50mm 以上且降雨可能持续	6h 降雨量将达 50mm 以上,或者已达 50mm 以上且降雨可能持续	3h 降雨量将达 50mm 以上,或者已达 50mm 以上且降雨可能持续	3h 降雨量将达 100mm 以上,或者已达 100mm 以上且降雨可能持续

2.暴雨天气时各岗位职责分工(表4-2)

暴雨天气应急处理时各岗位的职责分工　　　　　　表4-2

值班站长	行车值班员	客运值班员	站务员	电客车司机
负责现场指挥协调，组织人员进行前期处理；密切关注车站出入口积水情况、隧道区间的水位情况和隧道区间的集水井抽水泵的状况，发现问题及时上报维修调度员进行相应处理，并及时向行车调度员及上级领导汇报车站受暴雨影响的情况；必要时调集机电、保洁等驻站人员进行控洪准备	负责车站信息收集、传达与汇报	做好聚集在车站及出入口乘客的疏导工作；必要时疏散站内乘客，并根据值班站长安排，做好应急抢险工作	协助客运值班员做好聚集在车站及出入口乘客的疏导工作；必要时疏散站内乘客，并根据值班站长安排，做好应急抢险工作	负责线路瞭望与信息汇报，做好乘客安抚工作

3.暴雨天气时进行信息汇报的内容(表4-3)

暴雨天气时进行信息汇报的内容　　　　　　表4-3

行车值班员	电客车司机
(1)上报事件发生车站、灾害现象； (2)现场前期处理情况； (3)灾害过程中运营和设备的运作情况； (4)灾害过程中车站出入口及隧道区间的水位情况； (5)实时汇报现场应急处理情况	(1)事件发生地点(线路、车站、上下行线、里程标等)、车次； (2)灾害对列车、线路、设备的影响程度，现场可见度等情况； (3)现场前期处置情况

4.暴雨天气时进行信息汇报的流程

暴雨天气时进行信息汇报的流程，如图4-1所示。

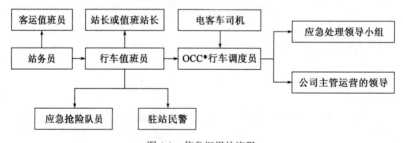

图4-1　信息汇报的流程

注：*为运营控制中心 Operating Control Center 的缩写。

二、雷雨大风天气时的应急处理

1.雷雨大风预警信号的相关知识

1)雷雨大风的定义

雷雨大风是指在出现雷、雨天气现象时，风力达到或超过8级(≥17.2m/s)的天气现象，也称作风暴。

2）雷雨大风预警信号

雷雨大风预警信号分为4级，分别以蓝色、黄色、橙色和红色表示，见表4-4。

雷雨大风预警信号含义　　　　　　　　　　　　　　　　表4-4

雷雨大风预警信号（蓝色）	雷雨大风预警信号（黄色）	雷雨大风预警信号（橙色）	雷雨大风预警信号（红色）
6h内可能受雷雨大风影响，平均风力可达到6级以上，或阵风7级以上并伴有雷电；或者已经受雷雨大风影响，平均风力已达到6～7级，或阵风7～8级并伴有雷电，且可能持续	6h内可能受雷雨大风影响，平均风力可达8级以上，或阵风9级以上并伴有强雷电；或者已经受雷雨大风影响，平均风力达8～9级，或阵风9～10级并伴有强雷电，且可能持续	2h内可能受雷雨大风影响，平均风力可达10级以上，或阵风11级以上，并伴有强雷电；或者已经受雷雨大风影响，平均风力为10～11级，或阵风11～12级并伴有强雷电，且可能持续	2h内可能受雷雨大风影响，平均风力可达12级以上并伴有强雷电；或者已经受雷雨大风影响，平均风力为12级以上并伴有强雷电，且可能持续

2.雷雨大风天气时各岗位职责分工（表4-5）

雷雨大风天气应急处理时各岗位的职责分工　　　　　　表4-5

值班站长	行车值班员	客运值班员	站务员	电客车司机
担任前期现场处理负责人，负责现场处理的指挥协调，组织好人员疏导和伤员救助工作	负责车站信息的收集、传达和上报	做好聚集在车站及出入口乘客的疏导工作；必要时疏散站内乘客，并根据值班站长安排，做好应急抢险工作	协助客运值班员做好聚集在车站及出入口乘客的疏导工作；必要时疏散站内乘客，并根据值班站长安排，做好应急抢险工作	负责线路瞭望与信息汇报，做好乘客安抚工作

3.雷雨大风天气时进行信息汇报的内容（表4-6）

雷雨大风天气时进行信息汇报的内容　　　　　　　　　表4-6

行车值班员	电客车司机
（1）上报事件发生车站、灾害影响程度等情况； （2）现场前期处理情况； （3）灾害过程中运营和设备的运作、受损情况； （4）实时汇报现场应急处理情况	（1）事件发生地点（线路、车站、上下行线、里程标等）、车次等情况； （2）灾害对列车、线路的影响程度，现场可见度等情况； （3）列车上有无人员伤亡情况； （4）现场前期处置情况

4.雷雨大风天气时进行信息汇报的流程

雷雨大风天气时进行信息汇报的流程，如图4-2所示。

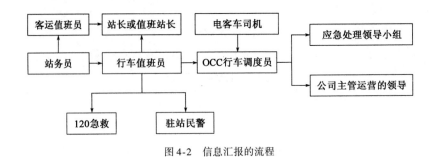

图 4-2 信息汇报的流程

三、暴雪天气时的应急处理

1. 暴雪的相关基础知识

1）暴雪的定义

暴雪是指自然天气现象的一种降雪过程,指在 24h 内降雪量超过 10mm 以上的雪。

2）暴雪预警信号

暴雪预警信号分为 4 级,分别以蓝色、黄色、橙色、红色表示,见表 4-7。

暴雪预警信号含义　　　　　　　　　　　　　　　表 4-7

暴雪预警信号（蓝色）	暴雪预警信号（黄色）	暴雪预警信号（橙色）	暴雪预警信号（红色）
12h 内降雪量将达 4mm 以上,或已达 4mm 以上且降雪持续,可能对交通或农牧业造成影响	2h 内降雪量将达 6mm 以上,或已达 6mm 以上且降雪持续,可能对交通或农牧业造成影响	6h 内降雪量将达 10mm 以上,或已达 10mm 以上且降雪持续,可能或者已经对交通或农牧业造成较大影响	6h 内降雪量将达 15mm 以上,或已达 15mm 以上且降雪持续,可能或者已经对交通或农牧业造成较大影响

2. 暴雪天气时各岗位职责分工（表 4-8）

暴雪天气应急处理时各岗位的职责分工　　　　　　表 4-8

值班站长	行车值班员	客运值班员	站务员	电客车司机
负责现场处理的指挥协调,组织人员进行扫雪、除冰工作	负责车站信息的收集、传达与汇报	做好聚集在车站及出入口乘客的疏导工作;必要时疏散站内乘客,并根据值班站长安排,做好应急抢险工作	协助客运值班员做好聚集在车站及出入口乘客的疏导工作;必要时疏散站内乘客,并根据值班站长安排,做好应急抢险工作	负责线路瞭望与信息汇报,做好乘客安抚工作

3. 暴雪天气时进行信息汇报的内容（表 4-9）

暴雪天气时进行信息汇报的内容　　　　　　　　　表 4-9

行车值班员	电客车司机
（1）上报车站、灾害现象; （2）现场前期处置情况; （3）灾害过程中运营和设备的运作情况; （4）灾害过程中车站出入口、地面站台、线路、道岔的积雪情况; （5）实时汇报现场应急处理情况	（1）事件发生地点（线路、车站、上下行线、里程标等）、车次; （2）灾害对列车、线路、设备的影响程度,现场可见度等情况; （3）现场前期处理情况

4. 暴雪天气时进行信息汇报的流程

暴雪天气时进行信息汇报的流程,如图4-3所示。

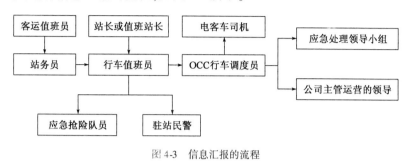

图 4-3　信息汇报的流程

单元二　自然灾害应急处理

自然灾害多指火山、地震、水灾等引起的山体崩塌、滑坡、泥石流、地面塌陷等地质自然灾害。在城市中,常见的自然灾害是地震。下述内容将重点讨论地震和水灾情况下应急处理程序。

一、地震的应急处理

地震是指大地震动。包括天然地震(构造地震、火山地震),诱发地震(矿山冒顶、水库蓄水等引发的地震)和人工地震(爆破、核爆炸、物体坠落等产生的地震)。人们常说的地震一般指天然地震中的构造地震。破坏性地震,是指造成一定数量的人员伤亡和财产损失的地震事件。

1. 地震对轨道交通的影响

地震发生后,地铁管辖范围内除地面建筑受损外,可能发生问题有如下几个方面:
① 地铁客车脱轨。
② 洞下结构局部受损,个别隧道错位,出现地下冒水漏水现象。
③ 钢轨及下部建筑扭曲,供电支架损坏、接触网线脱落。
④ 电缆、上下水管道受损,供电、供水中断。

2. 地震响应等级

根据有关规定,主要结合地震等级和破坏性对地铁行车的影响进行如下分类,见表4-10。

地震响应等级　　　　　　　　　　　　　　　　　　　　　　　表4-10

启动一级预案	启动二级预案	启动三级预案
轨道交通所在地或临近地域发生大于7.0级地震,视为造成特大损失的严重破坏性,特别严重影响行车和乘客安全	轨道交通所在地或邻近地域发生大于6.5级,小于7.0级的地震,视为严重破坏性地震,严重影响行车和乘客安全	轨道交通所在地或邻近地域发生6.5级以下地震,视为一般破坏性地震,影响行车和乘客安全

1)一级预案

①启动一级应急措施:OCC(运营控制中心)电力调度员切断交流供电电源,启用紧急照明,列车紧急制动停车。电客车司机负责组织列车上乘客向车站疏散;车站站长或值班站长负责组织有关人员疏散乘客、保护地铁设备,并将情况报告OCC,若通信中断应设法与外界取得联系,并做好自救工作;OCC发布列车停运、急救命令,及时将灾情报告指挥部及市有关部门。

②车辆部、客运部、物资设施部及时成立应急处理工作组,召集各专业救援队队员,组织救援工具、物品。根据灾情尽快恢复动力照明系统供电,确定牵引供电恢复送电方案;救援队出动救援,在起复机车、车辆、抢修线路中,快速确定方案,并报控制中心。方案确定后严格由救援队长统一指挥作业,有两个以上救援队联合作业时,应商定一名队长为总指挥。

③必要时向指挥部、市政府有关部门和组织请求援助;指挥外援人员抗震救灾,尽快恢复地铁运营。

④及时向指挥部、市政府报告震情、救灾情况以及运营开通情况。

2)二级预案

①启动二级应急措施:OCC电力调度员切断牵引供电系统电源,启用紧急照明;电客车司机制动列车停车,组织列车上乘客向车站疏散;车站站长或值班站长负责组织有关人员疏散乘客、保护地铁设备,并将情况报告OCC,若通信中断应设法与外界取得联系,并做好自救工作;OCC发布列车停运、急救命令,及时将灾情报告指挥部及市有关部门。

②各应急处理工作组及时到位履行职责,组织救援抢险,恢复牵引供电,开通地铁运营。

③必要时向指挥部、市政府有关部门和组织请求援助;指挥外援人员抗震救灾,尽快恢复地铁运营。

④及时向指挥部、市政府报告震情、救灾情况以及运营开通情况。

3)三级预案

①小于6.5级地震发生后,电客车司机视灾情维持列车运行到前方站停车,疏散车上乘客;站长或值班站长负责组织有关人员疏散车站乘客、保护地铁设备,并将情况报控制中心,若通信中断应设法与外界取得联系,并做好自救工作;OCC视情况发布列车停运或限速命令,组织抢险救援,向上级领导报告有关情况。

②按市防震抗灾领导小组的要求,在运营分公司抗震救灾应急指挥部领导下,视震情、灾情组织抢险救援,具体落实抗震救援工作和措施,并及时报告有关情况。

3.地震发生时的紧急处理(相关资源参见二维码33)

地震发生时,主要有以下几种紧急处理措施:

①一旦发生地震,沉着镇静,果断逃生,救护乘客是最重要的对策。

②车站工作人员应就近选择桌下、床下、墙角等较安全的位置紧急避险。然后积极开展疏导乘客救护伤员及组织乘客自救互救工作。

③设备值班人员应关闭正在操作的设备,切断身边电源,就近选择较安全的位置,紧急避险。

④当班的电客车司机,应立即采取紧急措施制动车辆,减少车辆自身功能与地震能量叠加;地震过程中若发现列车受损、接触网断线及隧道照明中断,应使用应急照明查明周围的情

况,采用有效的措施与OCC或邻站值班站长联系,报告情况,以求得救援和行动指令。在孤立无援的最困难条件下,电客车司机是组织该列车所载乘客避险逃生的负责人,应立即采取一切可能的措施安抚乘客.组织乘客有步骤,有组织地脱离险境。

⑤OCC变电站变电所值班人员等关键岗位人员,就近选择较安全的位置紧急避险后,应坚守岗位,立即进入抗震抢险救灾状态,采取一切可能措施减少地震损失。同时着手调查,收集管辖范围内人员、设施、设备损失情况,速将险情及初步救援方案向有关领导汇报。

4.地震灾害后的处理工作

①地震发生后,应迅速组织各专业救援队,由有丰富经验、有指挥能力、责任心强的同志担任救援队长,负责指挥人员营救和设备抢修。

②震后后勤保障组应联系专业医务人员组成医务抢救队伍。

③震后物资设施组要组织通信、电力、给排水抢修队伍,根据灾情特点,制订修复计划,分配任务。

④地震发生后,地铁隧道结构受到损伤,道床、钢轨等可能出现扭曲变形、位移,严重时可能断轨等。因此,物资设施组工务专业人员须及时检查线路,抢修被毁路段。

⑤及时救援震后隧道内的车辆和被困乘客;及时将隧道受损车辆起复,然后将其转移到安全地段加装止轮器、车挡等,防止受余震溜车,对车库内车辆应及时清理、检查、抢修被砸毁车辆;及时将受损车库内车辆转移到安全地段加装止轮器、车挡等,防止受震倾覆溜车。

二、水灾应急处理

1.水灾发生原因

城市轨道交通系统水灾事故多是由于系统内部水管爆裂、地下结构破坏渗水等造成的水淹事故。

2.水灾发生时的紧急处理

遇到暴雨这样的恶劣天气,如果地面雨水流进地铁站时,地铁站工作人员会先报告行车调度和公安,关停出入口处的电扶梯。在出入口处设置挡水墙(防洪挡板、沙袋等)。在雨水不再流进车站的情况下,通知保洁人员,清扫积水。

如果因为雷电导致地铁停电,地铁站的值班站长会担任应急处理主任,指挥车站做好乘客服务或疏散工作。

地铁列车司机会尽量维持列车进站停车,通过广播安抚乘客,打开车门,疏散乘客下车。如果列车停在隧道,司机要担任起应急处理责任,指挥乘客从隧道两边的应急平台疏散工作。

站台的所有站台门、闸机门和边门会全部打开,以便乘客尽快到达地面。车内反复播放相关广播。车站出入口会张贴因停电而停止服务的告示。

①任何员工一旦发现水灾发生,应立即报告值班站长以下情况:水灾发生的位置、流量、水源来自哪里、哪些设备可能会受到影响。

②值班站长向行调报告:本站发生水淹事故,本站受到影响的区域、是否影响乘降及受影响设备的情况。

③值班站长携带防洪装备赶往事发位置，命令站务人员和保洁人员前往水灾区域。

④值班站长到达现场后评估情况，向行车调度员汇报最新进展，视情况需要请求机电等部门人力支援。

⑤站务人员尝试用防洪板、沙包或其他填充物阻断水源，或抑制流量，在周边用提示牌和警戒线布置禁行区。

实践训练

（1）在实训室运用模拟仿真软件，进行恶劣天气的应急处理并填写实训任务单。模拟演练进行三种常见恶劣天气的应急处理。

①实训模块（表4-11）

恶劣天气表　　　　　　　　　　　　　　　　　　　　　　　表4-11

恶劣天气	处理流程	具体操作步骤
暴雨天气		
雷雨大风天气		
暴雪天气		

②模拟演练（表4-12）

小组应急成员表　　　　　　　　　　　　　　　　　　　　　表4-12

小组应急成员	姓　名	岗　位	工　作　程　序
组长			
组员1			
组员2			
组员3			
……			

（2）在实训室运用模拟仿真软件，进行自然灾害的应急处理并填写实训任务单（表4-13）。

自然灾害表　　　　　　　　　　　　　　　　　　　　　　　表4-13

自然灾害	处理流程	具体操作步骤
地震		
水灾		

模块五　列车行车事故应急处理

模块描述

列车是大型交通载客设备,一旦发生事故可能造成较大的人员伤亡和经济损失。为预防行车安全事故,须坚持"安全第一,预防为主"的方针,强化安全意识,严肃劳动纪律和作业纪律,自觉执行各项规章制度;加强日常技能演练和考核工作,不断提高业务水平,确保城市轨道交通安全运营。本模块主要介绍了行车事故的构成、处理原则及调查处理程序,并就地铁行车事故的处理与救援方法进行展开。

思维导图

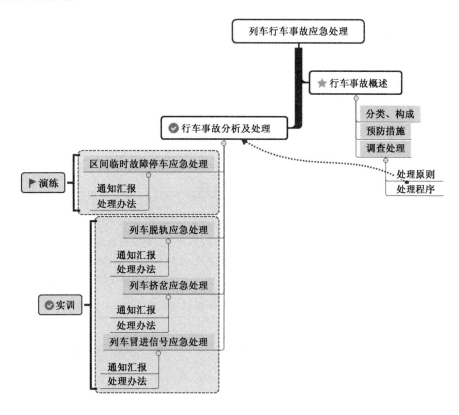

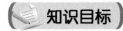 **知识目标**

（1）了解行车事故的分类和构成；
（2）掌握行车事故的处理原则和处理办法；
（3）掌握地铁行车事故的处理与救援方法。

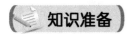 **技能目标**

（1）能进行行车事故的通报；
（2）能进行行车事故的预防和调查处理；
（3）能熟练进行区间临时故障停车、列车脱轨和列车挤岔的应急处理。

知识准备

单元一　行车事故概述

凡在行车工作中，因违反规章制度、违反劳动纪律或因技术设备不良及其他原因造成人员伤亡、设备损坏，影响正常行车或危及行车安全的，均构成行车事故。

一、行车事故的分类

由于我国各城市地铁在设备事故规章上并没有完全统一，所以我国城市轨道交通系统没有统一的行车事故分类标准。借鉴铁路的行车事故分类标准，城市轨道交通系统行车事故按照事故的性质、损失及对行车造成的影响，分为特别重大事故、重大事故、大事故、险性事故、一般事故和事故苗头。

对行车事故分类的主要目的还是贯彻"安全第一、预防为主"的原则，一旦发生事故，也要按照"四不放过"的原则进行处理，防止同类事故的再次发生。

1. 特别重大事故、重大事故、大事故的构成条件

特别重大事故、重大事故和大事故都是指列车、机车、车辆发生冲突脱轨、火灾、爆炸等事故或由于城市轨道交通设备状态不良等其他原因，造成不同程度的人员伤亡和较大经济损失、设备损坏等后果。不论程度如何该类事故都会造成恶劣的社会影响和不可挽回的人员、经济损失，其构成条件如表5-1所示。

特别重大事故、重大事故、大事故的构成条件　　　　表5-1

事故等级	危害程度		
	人身伤亡	直接经济损失	行车事故
特别重大事故	死亡30人及以上	1000万元及以上	—
重大事故	死亡3人以上或重伤5人及以上	500万元及以上	中断行车180min及以上
大事故	死亡1~3人或重伤3人及以上	100万~500万元	中断行车60min及以上

2. 险性事故的构成条件

造成下列后果之一,但危害程度没有达到大事故条件的为险性事故:

列车冲突;列车脱轨;列车分离;向占用区间发车;未准备好进路或错排进路接发列车;未经批准向占用线接入列车;未办或错办列车手续发车;错误办理行车凭证发车;列车冒进信号;列车错开车门,运行中开门;列车门夹人或夹物开车,导致乘客受伤或城市轨道交通设备损坏;机车车辆溜入区间或站内;列车运行中,因车辆部件脱落或货物装载不良而损坏城市轨道交通设备;接触网塌网、坠落或其他技术设备部件脱落而损伤列车;运营时间未经批准进入正线线路、隧道行走或作业;其他经安全管理机构认定的后果。

3. 一般事故的构成条件

造成下列后果之一,但危害程度没有达到险性事故条件的为一般事故:

调车冲突;调车脱轨;调车挤岔;调车作业碰轧防护信号;列车拉止轮器开车;应停列车在站通过;在运营时间内因设备故障或其他原因中断正线(上下行正线之一)运营或耽误列车运行 20~60min;在非运营时间内,因施工设备故障或其他原因影响首班车晚开 30min 及以上;其他经安全管理机构认定的结果。

4. 事故苗头的构成条件

凡在地铁运营工作中,因违反规章制度、违反劳动纪律或其他原因造成设备损坏,影响正常行车或危及行车安全,但事件性质或危害程度达不到一般事故条件的为事故苗头;因违章行为性质严重,虽未造成损失,但经安全部门认定为事故苗头的。

因下列行为之一,对列车安全、正点行车构成影响,但未造成事故后果及影响的意外事件为事故苗头:

①向占用区间和封锁区间错误发出列车的;
②未准备好进路接车的;
③向占用线接入列车的;
④客运列车错开车门的;
⑤列车冒进信号的;
⑥因列车有关人员违反劳动纪律漏乘、发车延迟耽误列车运行,造成客运列车 3min 以上晚点的;
⑦错误办理行车凭证耽误列车运行,造成客运列车 3min 以上晚点的;
⑧漏传、错发、错传调度命令耽误列车运行,造成客运列车 3min 以上晚点的;
⑨因列车或其他设备、设施故障或技术不良,造成客运列车 3min 以上晚点的;
⑩在实行站间行车等人工组织行车办法时,未办或错办手续发车的;
⑪机车、车辆溜入区间或站内的;
⑫未拿或错拿行车凭证发车的;
⑬其他对列车安全正点运行构成影响的意外事件。

二、行车事故预防措施

1. 完善管理体系是保证安全的基础

1）组织保证

安全贯穿于生产的全过程,既需要通过对企业的各层次部门进行横向管理来实行决策方案的落实,更需要通过对纵向上的管理最终达到安全生产的目的。

2）制度保证

建立以安全生产责任制为核心的安全管理规章制度是安全生产管理的依据和前提,安全生产责任系统的建立体现了全面安全管理的思想。岗位安全生产责任制作为其实施细则,是保证各级安全生产责任制具体落实到人的有效措施。安全责任应按照管理层次不同、分工不同,在每个岗位上都应有明确的安全责任要求。纵向从最高管理者到每个作业人员,横向则包括各个部门的每个岗位。

3）教育培训

安全教育是使职工适应作业环境的重要手段,如果不经过培训和教育,熟练掌握生产环境中有关作业的条件和知识,就难免产生人的不安全行为。因此,通过安全教育和培训提高员工安全素质是安全工作中特别重要的一环,也是确保轨道交通运营安全的重要前提。

2. 完善应急预案加强演练,提高应急处理技术

由于地铁运营环境的特点使得事故发生时危险性和紧迫性较高,因此对地铁事故的处理预先制订各种预案并进行事故应急处理模拟演练是十分必要的。特别是新建成的地铁线路,在投入试运营期间更应该进行起复、救援抢修抢险消防突发事件等不同类型的演练。

3. 加强安全投入,重在安全控制

一方面应用新技术新设备,采用自动化程度高安全性能好的系统设备,提高运营系统的可靠性和安全性。另一方面采用先进的检测手段,建立维修管理信息化系统,对维修过程中的工时、物料、定额、检修规程等进行全面监控,保证维修计划的落实,全面提升设施设备维修管理水平,不断提高维修质量,保证设施设备的质量状态,通过加强安全投入,提高运营管理系统的可靠性和安全性。

4. 开展公众安全宣传教育,致力于建造"安全型社会"

大力开展公众安全宣传教育,积极推进城市轨道交通建设运营安全文化,努力提高全体地铁员工和全社会的安全意识。通过培养安全型的地铁员工、地铁家庭、地铁乘客,将地铁运营安全管理中的"全员"概念延伸为"全民全社会",致力于建造"安全型的社会",从而确保地铁运营安全。

三、行车事故调查处理

1. 行车事故处理原则

①发生事故时,要积极采取措施,迅速抢救,以"先通后复"的原则,尽快恢复运营,尽量减少损失。

②事故发生后,要以事实为依据,以有关法规、规章为准绳,按照"四不放过"的原则(即事故原因没有查清不放过,事故责任者没有严肃处理不放过,广大职工没有受到教育不放过,防范措施没有落实不放过)处理事故,查明原因,分清责任,吸取教训,制订措施,防止同类事故再次发生。

③对事故要定性准确,对事故责任者(或单位)以责论处。对事故责任者(或单位),应根据事故性质和情节分别予以批评教育、经济处罚、行政处分直至追究法律责任。

④对事故分析处理拖延、推脱责任、姑息纵容、隐瞒不报或不如实反映事故情况者,应予以严肃批评教育或纪律处分。

2. 行车事故的处理办法

1) 行车事故现场处置

在事故报告程序完成后,有关人员要迅速进行事故现场的处置。若事故发生在线路区间,在专业人员及救援人员到达事故现场前,值乘司机负责引导乘客自救、组织疏散、安抚乘客等工作,等待进一步救援。在有关救援人员到达后,应由事故现场的最高行政领导负责或委任相关专业人员指挥抢救、处理善后工作。

若事故发生在车站,应由车站站长负责乘客救援、组织乘客离开现场,并保护现场查找证人、做好记录,等待有关救援人员与相关领导到达进行进一步救援活动,车站站长应在救援专业人员到达后向有关领导报告,并听从到达现场的最高行政领导和最高行政领导委任的救援指挥员的命令。现场勘查工作由行车管理部门与公安部门按规定进行。

在险性事故和一般事故发生后,值乘司机必须按规定程序要求报告,并且等待行车调度员的进一步命令指示,按要求执行,不得擅自移动列车。如需事故救援时,值乘司机应按照规定请求救援,并在救援人员和设备到现场前负责列车安全、乘客安全等工作。在救援人员到达后向现场指挥人员简单报告情况,并按行车调度员或指定的事故救援指挥人员的命令执行。关于事故现场的勘测工作由行车管理部门按规定进行。

2) 行车事故的调查处理程序

(1) 特别重大、重大、大事故调查和处理程序。

特别重大事故、重大事故和大事故发生后,应根据等级的不同,成立专门的事故调查处理小组,各有关部门参加负责调查、处置协调善后分析等各项工作,包括现场摄、录像及绘制现场草图,设备检测,收集物证,询问人证,调查记录现场情况等。

值乘司机和事故有关人员要积极配合,实事求是地提供当时情况报告,便于掌握现场真实资料,以评定和分析事故产生的原因及确定事故责任,明确事故责任者和事故关系者,制订防范措施。

(2) 险性事故、一般事故调查和处理程序。

险性事故和一般事故发生后,如涉及两个以上直属单位时,由城市轨道交通企业负责调查,在规定的时间内将事故调查报告上报,并提出防范措施,对责任单位无异议的险性事故,由险性事故责任单位组织调查分析,明确原因与责任者,提出处理意见,制订防范措施。对涉及一个单位的一般事故,由责任单位调查分析,找出原因判定责任,并对责任者进行处理,制订事故处理措施。

与险性事故和一般事故有关的人员必须配合调查分析,如实报告情况,不得隐瞒事实,对推脱责任、拖延调查、隐瞒真相的个人与单位部门,经查实予以从重处理。

对事故涉及城市轨道交通以外单位的调查,由城市轨道交通企业事故调查处理小组与相关单位协调处理必要时提请司法部门裁决处理,凡行车事故涉及刑事责任的调查、处理,由公安部门负责、事故有关单位、个人协助配合调查工作。

单元二　行车事故分析及处理

一、列车在区间临时故障停车的应急处理

列车在区间停留,会延误大量后续列车的运行,造成大面积晚点,影响企业形象。同时列车停在区间,尤其在地下隧道内,容易引起车上乘客恐慌情绪不稳。所以,当列车由于故障停在区间时,应积极采取措施尽快恢复运行。

1.通知汇报

①接到司机区间停车通知后,应将区间内列车运行情况通知司机,并立即使用列车无线调度通信设备转告区间内有关列车。在停车原因消除前,不得再放行追踪、续行列车。

②报告列车调度员,接收向封锁区间开行救援列车的调度命令(当列车调度电话不通时,由接到救援请求的车站值班员根据救援请求办理,救援列车以车站值班员的命令,作为进入封锁区间的许可)。

③报告站长(值班部)到岗盯控。

2.处理办法

①调度命令下达后,揭挂"区间封锁"表示牌,在 TDCS 控显器中注明"区间封锁"。
②将救援方向通知请求救援的列车司机。
③与担当救援任务的司机联系做好救援准备,需转线时提前将救援机车转入待发。
④准备、确认进路正确。
⑤与助理值班员核对调度命令正确后指示发车。
⑥与司机核对,交付调度命令。
⑦发车条件具备后,办理发车。
⑧列车起动后向邻站和列车调度员报点。
⑨接到救援列车请求返回的通知后,开放进站信号,按规定接车。
⑩列车到达后,确认区间空闲,向邻站和列车调度员报点,并将救援情况汇报列车调度员,接收开通区间的调度命令,摘下"区间封锁"表示牌。

3.注意事项

①车站值班员接到司机、运转车长的救援请求后,详细询问现场情况(停车原因、停车时间、地点列车编组、机车型号、司机、车长姓名,需后部救援时应询问列车尾部停车地点)。
②接收调度命令后,对需派出的人员全面传达命令内容。
③如从请求救援的列车后部救援时,自接到请求救援 20min 后,方可向封锁区间开行救援

列车。

④严格按接发列车程序办理接发列车,发现列车有异状等问题时,接发车人员应立即报告,同时按规定采取安全措施。

⑤执行车机联控。

二、列车脱轨时的应急处理

脱轨是指车轮落下轨面(包括脱轨后又自行复轨),或车轮轮缘顶部高于轨面(因作业需要的除外)。每辆只要脱轨1轮,即按1辆计算。

确认列车发生脱轨后,立即启动相应的疏散程序,组织相关车站现场疏导。在疏散中需要确认人员伤亡情况并通报相关政府部门,请求相关部门支援。列车发生脱轨后,一般都会造成线路中断30min以上,需要采用公交接驳、小交路单线双向等方式维持有限度的运营服务。

1. 通知汇报

①车站值班员接到正线脱轨的事故报告后,要立即呼叫已进入事故区间的列车停车,影响邻线行车时呼叫运行列车立即停车,通知发车站停止向该区间发出列车(影响邻线行车时,邻线同时停止发车)。

②迅速转报列车调度员。

③立即向站长(值班干部)报告。

④站长(值班干部)到岗后,立即将情况报告车务段调度室。站长必须立即通知工务、电务、列检、通信、公安、供电、领工区、卫生所、装卸作业所负责人。立即召集在站所有职工到××地点集合,立即启动应急预案。

⑤各救援小组接到通知后携带机具,备品迅速赶到××地点集合。

2. 处理办法(相关资源参见二维码34)

救援工作由站长临时指挥,在上级事故应急处理领导小组到达后交由上级领导指挥。事故救援工作重点:

二维码34

①积极组织抢救伤员。

②采取一切措施起复脱轨车辆,清除线路上的障碍物,尽快开通正线线路。

③应于救援列车到达前,做好各项准备工作。主要包括清出限界、抢修被破坏的线路、疏散车辆、卸空重车、安装电话、接通照明、备足饮水、保护事故现场痕迹测量数据、保存物证、初步查明事故原因、拟订起复方案、及时向救援列车报告、派员接引救援列车、按规定设置防护。

3. 正线脱轨应急处理程序

①正线运营电客车脱轨时,电客车司机紧急制动并报告行车调度员,广播安抚乘客,确认有无人员伤亡。

②经行车调度员允许后降下受电弓,做好线路及电客车的防护工作,确认事故现场是否影响其他线路。

③如在岔区经行车调度员允许后下车检查是否损伤道岔,并及时将现场情况报告行车调度员;得到行车调度员清客命令时,电客车司机按照《区间乘客疏散应急预案》的有关规定组

织清客,保护现场,坚守岗位,严禁擅自动车,等现场指挥到达事故现场后将指挥权移交现场指挥人员,并将现场情况汇报现场指挥。

④全线各站严格按照OCC台令,做好行车组织和客运组织工作。对于昏迷或伤势较重乘客,车站做好现场急救工作,立即报120,并安排专人至指定出入口迎接。

⑤行车值班员应根据现场情况做好信息的续报工作。值班站长负责现场的前期处置,待抢险负责人到场后,移交现场处置权并报OCC。应急处理终止后,车站加强巡视,发现异常情况立即汇报。

4.各运营岗位人员应急处理措施(相关资源参见二维码35)

1)司机

发生脱轨时,工程车司机或电客车司机应立即施加紧急制动,严禁擅自动车,并报告车场调度员。

二维码35

2)车场调度员

①车场调度员接到报告后立即报告行车调度员和轮流值班人员、根据车辆脱轨发生的地点判断是否影响正线运营,并将现场情况汇报行车调度员。

②如果事故地点不影响正线运营,则组织现场人员对脱轨电客车和所在线路进行抢修,如果事故地点影响正线电客车正常运营,就应立即将现场情况报告行车调度员,本着"先通后复"的原则,按照《列车事故救援应急预案》的规定处理,首先保证正常接发电客车,其次对脱轨电客车进行修复。

③通知信号楼值班员及时变更接发电客车线路。

④通知派班员和轮流值班的工程师(维修调度)及时安排替班工程车司机或乘务员,并替用车辆。

⑤确认无人员伤亡,视现场伤亡情况拨打120。

⑥车场调度员按《应急信息报告规定》进行通报。

⑦做好广播和安全防护工作。

3)信号楼值班员

①信号楼值班员接到车场调度员的通知后,立即根据现场情况做好电客车出入库线路的安排,并做好安全防护工作。

②如果影响正常接发车作业,就应及时与行车调度员联系,听从行车调度员的统一安排。

4)派班员

派班员接到车场调度员的通知后,根据要求立即安排备用司机正线运营,保证正线正常运营。

三、列车挤岔应急处理

1.基本概念(相关资源参见二维码36)

1)道岔的定义

道岔是供列车安全转线的设备,它用来使机车车辆从一股道转向或跨越另一股道,它是轨

二维码36

道线路相连接或交叉的设备的总称。

2)道岔的分类

常见的道岔种类有:单开道岔、对称道岔、三开道岔、交分道岔和菱形交叉道岔等。

3)道岔的组成

普通单开道岔由转辙器、连接部分、辙叉及护轨几部分组成。

4)挤道岔

车轮挤过或挤坏道岔,即为挤道岔事故(简称"挤岔")。正常情况下轨道一侧尖轨与基本轨密贴,另一侧尖轨与基本轨分离;当列车经过向道岔时,如果道岔位置不正确就会造成车轮强行挤开与基本轨密贴的尖轨,造成尖轨弯曲变形,转辙机遭到破坏使道岔损坏,尖轨不能密贴基本轨。

2. 挤道岔时的处理(相关资源参见二维码37)

1)工作原则

①牢固树立"安全第一"的思想,贯彻"高度集中、统一指挥、逐级负责"的原则保证救援工作安全有序,减少事故影响,尽快恢复运营生产。

二维码37

②各级员工应迅速准确地报告事故情况,确保信息畅通,尽快恢复正常运营。积极合理地调动人力物力投入抢险,采取有效措施控制事态减少损失。

③车辆部部长为列车挤岔现场的总指挥,在现场总指挥未到达前车由值班站长、车辆段由车辆段调度员,区间由司机担任。抢险指挥小组成员赶到后,现场抢险总指挥向车辆抢险指挥小组成员报告现场情况,并将指挥权移交。

④维修调度员在接到突发事件信息时,应立即派出人员赶赴现场,车辆抢险队员接到DCC检修调度命令后须在10min内出发,前往事故现场。

2)事故报告

(1)报告原则。

①迅速、准确客观、逐级报告的原则。

②现场情况一时无法判明时,也应将所了解的情况先进行报告,详细了解后再续报。

③故意隐瞒、谎报、延误报告应急信息的,将按相关规定进行处理。

(2)报告流程。

故障发现人第一时间内报控制中心,由控制中心根据情况调整运营组织,并向分公司相关领导进行汇报;如果控制中心需要经过道岔行车,则由站务中心加锁由双方共同确认。挤岔信息的汇报流程,如图5-1所示。

3. 正线挤岔故障应急处理

①现场负责人根据挤岔地点故障情况,向维修调度员申请处理挤岔的作业指令。

②维修调度员:向行车调度员申请要点,封锁区间进行处理。

③行车调度员:下达作业指令,同时做好行车应急安排。

④工务接到抢修指令后立即封锁线路,并在挤岔处前后各100m处设红闪灯(或停车信号牌)进行防护,人员进行分工。

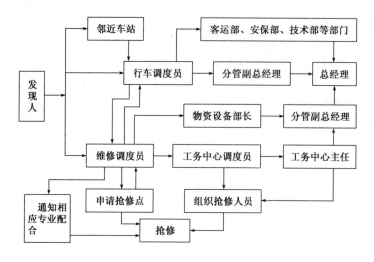

图 5-1　挤岔信息的汇报流程

⑤工务抢修小组作业程序(表 5-2)

工务抢修小组作业程序　　　　　　表 5-2

序号	作业程序
1	运尖轨:安排4~6人操作两架吊轨小车,其中4人各带一根撬棍,2人前后防护,前往尖轨堆放处运回尖轨
2	现场准备,将所用工(器)具、配件、材料运至故障点做好更换前准备;人员、工(器)具、材料、配件等均到位后开始更换尖轨
3	抢险人员及工(器)具、尖轨到位后,工(器)摆放整齐,按事先分工进行,做到忙而不乱、井然有序
4	2人用活动扳手卸开接头螺栓,螺栓长度不一,依次排好。1人松开扣件,鱼尾板(若紧,用大锤取出);2人负责卸除第二、第三连接杆(第一连接杆由通号负责拆除)同时把连接杆移开,以免换尖轨时压伤
5	4人用撬棍迅速将尖轨拨离,动作一致,将备用尖轨拨入
6	尖轨拨入后对接头螺栓依次上紧,打上道钉
7	配合信号人员调整连接杆,使尖轨与基本轨密贴;根据具体情况,适当起道、捣固、消除吊板、检查轨距

⑥信号抢修小组:更换转辙机,做好尖轨安装完毕后的信号调试。

4. 车辆段挤岔应急处置方案(表5-3)

车辆段挤岔的应急处理程序　　　　　　　　　表5-3

序号	岗　位	作　业　程　序
1	信号楼值班员 (见二维码38) 二维码38	(1)微机联锁设备有"挤岔报警"时,信号楼值班员须立即确认报警信息和机车车辆动态。确认为挤岔时,信号楼值班员立即用手持台呼叫"车场内所有司机紧急停车";同时向车场调度员报告,报告内容包括挤岔号码、发生挤岔的机车车辆号码等; (2)发生挤岔后,信号楼值班员根据车场调度员的要求设置封锁防护,同时通知封锁范围以外的车辆可继续按照信号显示运行; (3)信号楼值班员密切与事故处理负责人联系,积极配合,正确及时按抢修需要准备进路,开放信号; (4)当机车车辆移出事故地点,被挤坏的道岔已修复,经试验良好后,信号楼值班员及工务人员共同确认并办理交付使用手续
2	工程车司机或电客车司机 (见二维码38)	(1)工程车司机或电客车司机在车辆运行过程中发现走行部有异响或信号楼值班员呼叫"紧急停车"时,应立即制动停车,经车场调度员批准后下车确认道岔情况; (2)确认已挤岔后立即报车场调度员,并按车场调度员指令执行,严禁擅自动车;事故处理中,工程车司机或电客车司机须积极配合事故抢修工作; (3)属于严重挤岔,造成电客车脱轨时,按照相关预案执行; (4)当机车车辆移出事故地点,机车车辆具备运行条件时,按照车场调度员指令将车辆开入指定地点停车
3	车场调度员 (见二维码39) 二维码39	(1)接到工程车司机或乘务员、信号楼值班员或其他人员"挤岔"报告后,首先了解具体地点挤岔号码、发生挤岔的机车车辆等情况,立即把情况报告行车调度员和轮流值班人员并及时通知派班员; (2)向当事人了解有关情况,并令派班员配合按《应急信息报告规定》报相关人员; (3)如果抢修需要接触网停电,车场调度员须与电力调度员联系落实停电事宜; (4)需要动车前,须经现场指挥确认车辆状态线路、道岔状况达到运行条件并同意动车后,车场调度员方可要求指挥工程车司机或乘务员动车; (5)当机车车辆移出故障地点后,封锁事故现场进行抢修,被挤坏的道岔修复经试验良好后,抢修负责人到车场调度员处补办登记手续和办理交付使用手续
4	派班员	(1)派班员接到挤岔报告后,配合车场调度员按《应急信息报告规定》报相关人员; (2)向工程车司机或乘务员传达相关信息和安全注意事项

四、列车冒进信号应急处理

列车冒进信号是指在未经授权情况下,列车前端任何一部分越过进路防护信号机显示的停车信号。

1. 通知汇报

①车站值班员通过控制台(控显器)发现列车冒进进站或出站(发车进路)信号时,必须立即使用列车无线调度通信设备呼叫列车紧急停车。如在该进路有车运行时,同时呼叫立即紧急停车。

②发现列车冒进进站或出站(发车进路)信号后,通知司机禁止移动。

③报告行车调度员。

④通知站长到车站值班室监督作业。

2. 处理办法

1)接车

①发现列车冒进进站信号后,使用调车信号按钮方式准备进路,对不能以调车信号按钮排列的道岔单操并锁闭,车站值班员、信号员(助理值班员)、站长(值班干部)共同确认接车进路正确。

②车站值班员在接车条件具备后,通知调车组人员(无调车组人员时为助理值班员)以调车方式将列车领入站内或场。

2)发车

①发现列车冒进出站(发车进路)信号后,车站值班员根据列车运行、线路有效长、列车编组等情况确定是否将列车退回线路内。

②退回时,车站值班员应在进路准备妥当后(使用调车信号按钮方式准备进路,对不能以调车信号按钮排列的道岔单操并锁闭),无运转车长值乘的列车通知调车组人员(无调车组人员时为助理值班员)以调车方式将列车领回线路内。

③如不退回,车站值班员应在进路准备妥当后(使用调车信号按钮方式准备进路,对不能以调车信号按钮排列的道岔单操并锁闭,车站值班员、助理值班员、站长共同确认发车进路正确)发给司机规定的凭证(其中:按自动闭塞法,行车的凭证为绿色许可证。按半自动闭塞法行车:冒进出站信号机时,按超长列车行车凭证办理;冒进进路信号机时,为调度命令),直接开往区间。

超长列车头部越过出站信号机并压上出站方面的轨道电路发车时,列车调度员发布停止基本闭塞法,改用电话闭塞法行车的调度命令,占用区间的凭证为路票;越过进路信号机发车时,发给司机调度命令。

超长列车头部越过出站信号机未压上出站方面的轨道电路发车时,车站值班员应向列车调度员请求超长列车头部越过出站信号机发车的调度命令,占用区间的凭证为出站信号显示的进行信号和允许超长列车头部越过出站信号机发车的调度命令。

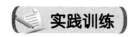 **实践训练**

(1)在实训室运用模拟仿真软件,进行下列行车事故的应急处理并填写实训报告。

实训模块(表5-4)

行 车 事 故 表　　　　　　　　　　　　　　　表5-4

行 车 事 故	处 理 流 程	具体操作步骤
列车脱轨应急处理		
列车挤岔应急处理		
列车冒进信号应急处理		

(2)就列车在区间临时故障停车这一行车事故的应急处理进行小组模拟演练。

模拟演练(表5-5)

小组应急处理成员表　　　　　　　　　　　　　表5-5

小组应急处理成员	姓　　名	岗　　位	工 作 程 序
组长			
组员1			
组员2			
组员3			
……			

模块六　伤亡类突发事件应急处理

模块描述

　　城市轨道交通的车站、区间线路在运营过程中有时会出现伤亡情况，一旦发生这样的情况就会给运营中的线路带来停运、车站关闭等重大的影响，严重影响了城市轨道交通线路的正常秩序，也给乘客的出行带来极大的不便。本模块主要介绍了车站内和轨行区各伤亡类突发事件及其相应的应急处理原则，并针对不同岗位在伤亡事件中的应急处理措施进行展开。

思维导图

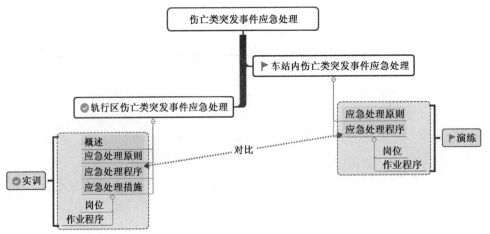

知识目标

(1) 了解区间路外伤亡的原因；
(2) 理解车站发生伤亡的应急处理原则；
(3) 掌握各种车站内和轨行区路外伤亡事件的应急处理措施。

技能目标

(1) 能够在轨行区伤亡事件运用各运营岗位人员的应急处理措施；
(2) 能够对各种伤亡类突发事件进行应急处理。

模块六 伤亡类突发事件应急处理

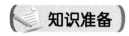
知识准备

单元一 车站内伤亡类突发事件应急处理

一、应急处理原则

城市轨道交通运营人员在处理路外伤亡事故中必须遵循"属地管理、各负其责、优先抢救伤者、尽快恢复运输"的原则。

在发生路外伤亡后,事发车站的值班站长是事故前期处置负责人,主要负责事故的前期处置,并向上级和公安部门进行信息通报。通报的内容包括:发生地点时间、列车车次、报告人姓名、伤亡者性别、大概年龄、伤势情况、伤亡者具体位置、已采取的措施及运营受影响的情况等。在上级部门的领导到达后值班站长将现场指挥权进行移交,所有运营相关人员都必须接受现场指挥者的指挥。

二、伤亡事件中各运营岗位人员应急处理程序

伤亡事件中各运营岗位人员的应急处理程序,见表6-1。

伤亡事件中各运营岗位人员的应急处理程序　　　　表6-1

序号	岗　位	作　业　程　序
1	行车调度员	(1)制订运营调整方案及时与现场沟通; (2)侧式站台车站发生路外伤亡,现场处置人员下线路勘查前,封闭另一侧线路,防止邻线列车伤人; (3)将现场处置的关键节点通报有关车站,指导全线做好信息发布和疏导工作; (4)接车站值班站长恢复运行的请示后下达恢复运行的指令,并报公安指挥客运中心; (5)下达有关预案的指令
2	值班站长	(1)事发后即为事故前期处置责任人,全权负责前期事故现场处置工作,公安人员到达现场后指挥有关人员配合民警展开有关工作; (2)组织人员抢救伤者,疏散围观乘客,协助警方保护现场。维护现场秩序,协调各相关部门工作,并组织人员做好客运组织调整工作; (3)带领站务员并携带必要的处置工具(如对讲机、照相机、手电筒等)至事故现场确认伤亡者位置,对事发现场进行拍照,内容包括伤亡者的姿势、死亡人员被肢解的器官、肢体散落情况等; (4)组织人员迅速将死伤者移至站台,若在移动有困难的情况下,可将死伤者移至不会造成列车再次挤压的位置,确认工作人员撤离线路后,通知司机移动列车对位进行上下客作业,待列车驶离后再移动死伤者至站台隐藏处; (5)事故现场处置结束后,速报行车调度员请示恢复运行

续上表

序号	岗 位	作 业 程 序
3	列车司机	(1)续报事态发展情况并保持与行车调度员现场处置情况的信息沟通； (2)对列车内乘客进行安抚性广播宣传,稳定乘客情绪； (3)帮助值班站长和公安人员寻找伤亡者,密切配合现场勘查人员前期调查和证据收集； (4)接受现场指挥人员动车指令,并及时将信息传递至行车调度员； (5)接受公安机关就事故的进一步勘验和调查,并如实反映所知情况
4	行车值班员	(1)及时向行车调度员汇报情况并通知120急救中心至现场抢救； (2)根据《运营非正常时间的广播规定》对车站内乘客进行不间断广播宣传； (3)通过监视器密切注意车站动态,与有关部门保持联络,负责部门与车站有关人员间的信息传递
5	站务员	(1)接受现场指挥命令,及时抢救伤者或处置死亡者尸体； (2)做好站台监护,防止围观乘客跌入道床； (3)保护现场,挽留目击证人(或请目击证人留下联系电话、住址或办公地址)； (4)工作人员下站台进行现场勘查前,按压站台上相应的紧急停车按钮,以确保现场工作人员的人身安全
6	公安人员	(1)接警后快速赶赴事故现场。立即进行现场勘查检验,取证工作,同时划定警戒线将无关人员劝出警戒线外； (2)现场勘查取证完毕,会同站务人员将尸体或伤者清出线路； (3)会同车站工作人员共同做好事故目击证人的取证工作； (4)若120急救中心医护人员确认当事人已死亡,应出具殡葬证明,并及时联系殡葬部门接尸； (5)判明事故性质,出具事故调查结论和伤亡鉴定结论,协助善后处理工作

车站内伤亡类突发事件应急处理参见二维码40。

二维码40

单元二 轨行区伤亡类突发事件应急处理

城市轨道交通线路运营过程中出现的轨行区伤亡一般包括两类情况,一类情况是指乘客在车站由于儿童戏耍过度或拾捡物品或站台边候车,身体不适从站台无意中跌落轨行区造成伤亡；另一类情况是有意行为(包括自杀、闲杂人员进入区间线路等),也很容易造成伤亡。这两种情况无论是否已经造成人员伤亡,都会对运营工作造成极大的影响,运营人员必须迅速处理事故,尽快使受阻线路恢复正常运营。

一、轨行区伤亡类突发事件概述

1. 简介

我国各城市的城市轨道交通车站在运营中,都经常发生乘客跌落轨行区的事件,这类事件即使没有造成人员伤亡,也都会对正常营运工作造成大的影响。例如:正线会中断行车;车站的乘客无法正常上车;列车上的乘客无法正常下车;有时为了安全需要还会采取关站、对列车进行清客等相关措施。

导致乘客跌落轨行区的原因有很多,最常见的是乘客自杀,而越是经济发达、生活压力大的城市情况越常见。要想完全避免这类事故发生是难以做到的,城市轨道交通运营人员能够做到的就是一旦发生乘客跌落轨行区的情况,立即采取果断措施加以处理,力求将事故对工作的影响降到最低(相关资源参见二维码41)。

二维码41

防止乘客跌落轨行区的最根本措施就是加装站台门,但由于各种原因,国内的城市轨道交通路线还有相当一部分没有安装站台门,因此,预防工作的重点还是要放到候车秩序的管理上。另外城市轨道交通运营部门需要加强与新闻媒体的沟通,要求其在报道类似事件时不要片面追求新闻的真实性,而要对容易引起效仿的行为弱化处理,这也是新闻媒体社会责任感的体现。

除了加装站台门外,城市轨道交通运营企业对乘客落轨所采取的措施有以下一些:
① 在乘客较多站,增加些站台工作人员和保安。
② 增加站台摄像头,避免监控死角。
③ 列车进站时,站台工作人员在站台 EBS(紧急停车按钮)处随时待令。
④ 列车进站时,驾驶员加强瞭望,随时准备按压紧急停车按钮。
⑤ 增加站台安全宣传标语。
⑥ 向市民宣传落轨的负面影响和应对措施。
⑦ 开展一些列车轧人的实际演练。

2. 特点

1)突发性
事故发生前,一般没有明显的预兆,瞬间发生。往往令事故双方尤其是列车驾驶员措手不及。
2)独立性
一般路外伤亡事故伤亡者多为 1 人。
3)分散性
事故发生的时间、地点和伤亡人员情况各有不同。从时间看,多为白天;从地点看,除肇事多为无人看守地段外,沿线所有地段均可发生,从人员看,男女老少、病、弱、残、乞丐等都有。

3. 发生路外伤亡事故的心理

1)主观臆测
乘客的自我意识太强,想怎么样就怎么样的心态行事。例如:乘客在站台找不到厕所,主动跳入轨行区方便。

2）侥幸心理

乘客在侧式站台弄错了行车方向，在列车进站时跳下站台，企图跨越线路到对面的站台上车。

3）无所谓心理

乘客以无所谓的心态乘坐地铁，不注意携带的物品是否违纪导致发生伤亡。例如：携带宠物乘坐地铁，造成宠物咬伤其他乘客。

4）抵触心理

一些人因为个人问题、家庭问题、社会问题等解决得不好或得不到解决而迁怒他人，或者是因为其他问题曾被地铁部门处罚过而耿耿于怀，于是有意做一些有碍行车安全和危及自身安全的不理智的事情，结果害人害己害国家。

5）好奇心理

有的青少年或在校学生出于无知和好奇，觉得新鲜、好玩，在站台边沿好奇张望不慎掉入。

二、轨行区伤亡应急处理原则

城市轨道交通运营人员在处理伤亡事故中必须遵守"属地管理、各负其责，优先抢救伤者、尽快恢复运营"的原则。

在发生轨行区伤亡事故后，始发车站的值班站长是前期事故处置负责人，他主要负责事故的前期处置，并向上级和公安部门进行信息通报。通报内容包括：发生地点、事件；列车车次、报告人姓名、伤亡者性别、大概年龄、伤势情况、伤亡者具体位置、已采取的措施及运营受影响的情况等。在上级部门的领导到达后，值班站长将现场指挥权进行移交，所有运营相关人员必须接受现场指挥者的指挥。

侧式站台发生伤亡，调度员要及时封锁相邻线路，必须将邻线后续列车扣在后方车站或令其站外停车，同时还要与车站保持密切联系，监督下线处置人员抓紧处置、出清线路，尽快恢复运营。

三、轨行区伤亡类突发事件应急处理程序

轨行区伤亡类突发事件应急处理程序见表6-2（相关资源参见二维码42）。

二维码42

轨行区伤亡类突发事件中各运营岗位人员的应急处理程序　　表6-2

序号	岗　位	作 业 程 序
1	行车调度员	(1)制订运营调整方案，及时与现场沟通； (2)现场处置人员下线路勘查前，封闭另一侧线路，防止邻线列车伤人； (3)将现场处置的关键节点通报有关车站，指导全线做好信息发布和疏导工作； (4)接车站值班站长恢复运行的请示后下达恢复运行的指令，并报公安指挥客运中心； (5)下达有关预案的指令

续上表

序号	岗 位	作 业 程 序
2	值班站长	(1)事发后即为事故前期处置责任人,全权负责事故前期现场处置工作,公安人员到达现场后指挥有关人员配合民警展开有关工作; (2)组织人员抢救伤者,疏散围观乘客,协助警方保护现场。维护现场秩序,协调各相关部门工作,并组织人员做好客运组织调整工作; (3)带领站务员并携带必要的处置工具(如对讲机、照相机、手电筒等)至事故现场确认伤亡者位置,对事发现场进行拍照,内容包括伤亡者的姿势、死亡人员被肢解的器官、肢体散落情况等; (4)组织人员迅速将死伤者移至站台,若在移动有困难的情况下,可将死伤者移至不会造成列车再次挤压的位置,确认工作人员撤离线路后,通知司机移动列车对位进行上、下客作业,待列车驶离后再移动死伤者至站台隐藏处; (5)事故现场处置结束后,速报行车调度员请求恢复运行
3	列车驾驶员	(1)续报事态发展情况并保持与行车调度员现场处置情况的信息沟通; (2)对列车内乘客进行安抚性广播宣传,稳定乘客情绪; (3)帮助值班站长和公安人员寻找伤亡者,密切配合现场勘查人员前期调查和证据收集; (4)接受现场指挥人员动车指令,并及时将信息传递至行车调度员; (5)接受公安机关就事故的进一步勘验和调查,并如实反映所知情况
4	行车值班员	(1)及时向行车调度员汇报情况并通知120急救中心至现场抢救; (2)根据运营非正常时间的广播规定对车站内乘客进行不间断广播宣传; (3)通过监视器密切注意车站动态,与有关部门保持联络,负责部门与车站有关人员间的信息传递; (4)现场处置人员下线路勘查前,封闭另一侧线路,防止邻线列车伤人
5	站务员	(1)接受现场指挥命令,及时抢救伤者或处置死亡者尸体; (2)做好站台监护,防止围观乘客跌入道床; (3)保护现场,挽留目击证人(或请目击证人留下联系电话、住址或办公地址); (4)工作人员下站台进行现场勘查前,按压站台上相应的紧急停车按钮,以确保现场工作人员的人身安全

四、轨行区伤亡类突发事件应急处理措施

如果说由于自杀等原因在车站可能出现伤亡还好理解的话,那么站间区间怎么会有人进入并引起伤亡呢?对于这个问题要从两方面来分析原因。

首先,除了城市轨道交通维护养护人员在得到行车调度员批准并办理相关手续后可以进入区间线路作业外,站间区间是不应出现其他外来人员的。由于不是所有城市轨道交通车站都装有站台门,这就为闲杂人员进入区间创造了条件,这里所说的闲杂人员主要指由于好奇等

各种原因从车站自行进入区间而又没被车站工作人员阻止的乘客,同时也指由于疏忽未经请示就擅自进入区间执行任务的城市轨道交通工作人员,因为他们在行车调度员和列车驾驶员不知情的情况进入区间,这种情况对正常行车产生的影响和闲杂人员是一样的。

其次,外来人员进入地下、高架线路的可能性不大,但对于地面线路,虽然在建设时沿线都安装了全封闭的护栏进行围挡,但由于无人值守,还是无法杜绝闲杂人员进入区间。

1. 外来人员进入区间的应急处理措施

①列车驾驶员、站务人员等城市轨道交通运营企业员工发现有外来人员进入区间线路时,必须立即通过各种方式向调度员汇报。

②行车调度员接到外来人员擅闯区间的报告后,必须立即通知事发区间两端车站派人员封堵站台出口,地下车站还要同时打开区间照明。

③行车调度员通知车站派两人乘后续列车,列车以 ATP 手动方式限速 20km/h 进入事发区间查看,发现擅闯人员后立即停车,并将人带上列车客室送至下一车站处理。

④如果第一列车未能找到擅闯人员,则后续第二、第三列车分别限速 20km/h、45km/h 继续查找,若仍未发现异常状况,行车调度员可取消事发区间的列车限速,但要让相关车站加强对该区间站台出口的巡视。

⑤如事发区间属于地面或高架线路,或有贯通门等特殊情况,外来人员有可能侵入邻线限界时,调度员还要对邻线做类似的安排和处置。

2. 区间发生路外伤亡时的应急处理措施

一旦在区间发生路外伤亡事件,因远离车站,现场只有一名驾驶员工作人员,所以处理难度显然要大于车站发生的同类事件,为了减少对运营的干扰,尽快开通线路。

①区间内发生路外伤亡时,始发列车驾驶员应立即停车并向行车调度员报告,如果有可能驾驶员应将被撞人移至驾驶室,按行车调度员指令将被撞人带至指定车站交值班站长。

②如果驾驶员独自移动被撞人有困难,可将被撞人移至不会造成列车再次挤压的位置,并向行车调度员报告处理情况后驾驶列车离开。行车调度员应安排相关车站派人添乘后续列车到事发地点将被撞人抬至驾驶室,带至前方车站。

③如果列车已越过被撞人且一时无法找到被撞人,驾驶员在报行列车调度员后按其指令以低于 15km/h 的速度行至前方车站,行车调度员应令相关车站指派人员会同民警添乘后续列车以低于 15km/h 的速度行驶前往探索,至事发地进行监察,发现被撞人后迅速将其抬至驾驶室,带至前方车站,尽快恢复运行。

④有现场处置人员下线路勘查时,调度员应做好相应区间安全防护措施,命令邻线列车进入相关区间加强瞭望,限速通过,确保现场处置人员的人身安全。

⑤任何人进入区间线路处置事故前必须得到行车调度员的许可,并报告进入区间的人员数量,严禁不经请示擅自进入区间,现场处置完毕出清线路后需及时向行车调度员汇报,行车调度员下达恢复运行的指令并通报各相关部门。

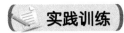 **实践训练**

（1）在实训室运用模拟仿真软件，进行轨行区伤亡类突发事件的应急处理并填写实训报告。

实训模块（表6-3）

轨行区伤亡类突发事件表　　　　　　　　　　　　　　　　　　　　表6-3

轨行区伤亡类突发事件	处理流程	具体操作步骤
类别一		
类别二		
……		

（2）就车站内伤亡类突发事件的应急处理进行小组模拟演练（参见二维码43）。

模拟演练（表6-4）

小组应急成员表　　　　　　　　　　　　　　　　　　　　　　　　表6-4

小组应急成员	姓名	岗位	工作程序
组长			
组员1			
组员2			
组员3			
……			

二维码43

模块七 火灾类突发事件应急处理

模块描述

城市轨道交通客流量大、空间封闭、人员密集、出入口较少、电气设备多,一旦发生火灾,往往会造成重大人员伤亡和财产损失,社会影响深远。地铁的防火、消防工作被列为地铁安全工作的头等大事。本模块主要介绍城市轨道交通各种消防设施设备的使用及城市轨道交通火灾应急处理程序,并针对不同的岗位在火灾应急中的职责进行展开。

思维导图

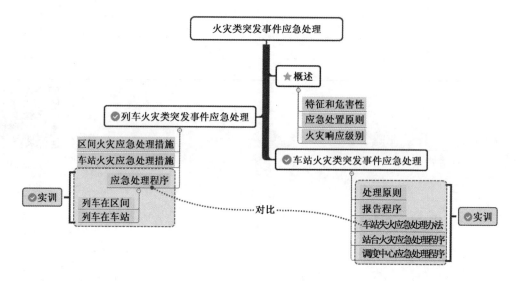

知识目标

(1)了解列车火灾的成因、类型及特点;
(2)熟悉列车消防设施设备;
(3)掌握列车火灾应急原则;
(4)掌握列车发生火灾时的应急处理程序;
(5)掌握城市轨道交通车站发生火灾时的应急处理程序;
(6)熟悉轨道交通火灾应急时各岗位的岗位职责。

模块七 火灾类突发事件应急处理

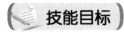

技能目标

(1) 学会分析城市轨道交通火灾的成因、类型及特点；
(2) 能使用与维护城市轨道交通消防设施设备；
(3) 能熟练运用城市轨道交通火灾应急原则进行火灾应急；
(4) 能熟练运用城市轨道交通列车火灾应急处理程序；
(5) 能熟练运用城市轨道交通车站火灾应急处理程序；
(6) 能熟知轨道交通火灾应急情况下各岗位的岗位职责，熟练进行不同岗位的应急处理。

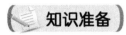

知识准备

单元一　火灾类突发事件概述

一、城市轨道交通火灾特征和危害性

1. 不确定性强

城市轨道交通点多线长面广，客流量大，发生火灾的时间和地点不确定，火灾隐患点多，且多处于视线死角，发生初期极具隐蔽性，不易发觉；一旦发觉，就已达到一定的危害范围和程度，造成疏散和救援困难。

2. 火灾扩散蔓延快

受城市轨道交通隧道空间限制，火焰向水平延伸，如果发生火灾时未及时控制通风设备，炽热气流就可以传播很远，遇到易燃物品迅速燃烧，实验测得最远引燃距离为50倍洞径。在隧道里，热量不易排出，火势猛烈阶段，温度可达1000℃以上，甚至改变气流方向，对逃生人员影响极大。

3. 逃生条件差

城市轨道交通运营环境的特定性，决定了供乘客安全逃生途径的单一性。除安全疏散通道外，既没有供乘客使用的垂直电梯(设计上仅考虑残疾人专用电梯)，也没有紧急避难场所，突发火灾事故中，大量乘客同时涌向狭窄的通道及楼梯，还有检票机等障碍物挡道，严重影响乘客快速逃生，并且火灾发生时允许逃生的时间短。

城市轨道交通火灾是发生在封闭受限制空间的火灾，一般属于不完全燃烧。目前已知的火灾中有毒烟气的种类(或成分)有数十种，包括无机类有毒有害气体(CO、CO_2、NO_x、HCl、HBr、H_2S、NH_3、P_2O_5、SO_2等)和有机类有毒有害气体(光气、醛类气体、氯化氢等)。我国有关统计结果表明，吸入烟气致死占火灾死亡人数的70%~75%，其中大部分是吸入了有毒烟尘及有毒气体昏迷后而致死的。据美国有关方面统计，大约有 2/3 的烟气中毒遇害者在离起火点很远处的走廊或者房间内。

针对城市轨道交通火灾事故，日本消防部门曾做过实验，日本地铁的车厢虽被确认具有不易燃烧性，但起火后，快则 1.5min，慢则 8min 之后就会产生对人体有害的气体。2~5min 内，车厢内烟雾弥漫就无法看清楚逃生出口，相邻的车厢在 5~10min 内也会出现相同情形。试验证明，允许乘客逃生只有 5min 左右的时间。另外城市轨道交通突发火灾时，险恶的灾害环境，使乘客容易产生恐慌及焦虑心理，对自救意识较差的乘客而言，从众是多数人的选择，争先恐后拥向出口处时，被踩、挤、压而倒地后，易导致群死群伤。我国研究机构联合地铁公司做过测试，人们在地铁火灾事故中如果不能在 6min 内迅速有效地逃生，就很难有生还的可能。

4. 灭火救援疏散困难

城市轨道交通出入口少，通道狭窄，疏散距离长，空间密闭，火灾发生后隧道内烟雾大且扩散速度大于逃生速度，人员密集，能见度低，易造成混乱，发生挤伤和踩踏现象；而且火灾造成的浓烟、毒气、高温、缺氧、停电、视线不清、通信中断等致使指挥和疏散非常困难；大型的消防及救援设备无法进入现场，灭火和救援难以进行。

二、城市轨道交通车站发生火灾的应急处置原则和响应级别

1. 车站火灾应急处置原则

城市轨道交通车站火灾有着致灾因素多、损失大、处置难、影响大等显著特点，为提高城市轨道交通火灾应急处理能力，各城市轨道交通运营企业形成了以"集中领导、统一指挥、救人第一、协同作战"为火灾突发事件应急的基本方针。在具体应对中，应遵循以下原则：

①处理车站火灾事件的重要原则首先是保障乘客和员工的人身安全；其次是在保证员工自身安全的情况下尝试扑灭火灾。

②车站发生火灾，应遵循通报迅速的原则，并须及时向 119、110、120、OCC、地铁公安报告。

③开启站厅火灾排烟模式，并根据火势情况，采取灭火措施。

④疏散乘客应尽量绕开火灾区域，及时将乘客疏散到站外安全地点，车站保洁、银行、商铺等工作人员应到紧急出入口或后备紧急出入口集中；设备区工作人员由车站通过人工广播通知撤离。如果火灾发生在站厅，火势较大影响到整个站厅公共区，站台乘客无法从站厅向站外疏散时，立即请求行车调度员安排空车疏散站台乘客，站台保安到站台和站厅之间的通道处阻拦乘客进入站厅。

⑤执行紧急疏散时，尽可能稳定乘客情绪，要特别关注老、幼、残等人士，防止踩踏等次生灾害事件发生。

⑥如火势很大时，在乘客疏散完毕后，应组织车站员工疏散乘客，并做好引导消防人员的导向指引。

⑦值班站长在上级领导到来之前担任事故处理临时负责人。

⑧行车调度员应及时扣停有关列车；来不及扣停的应退回后方站，避免产生更大的影响。若接到车站请求派空车疏散时，即安排邻站列车清客，到事发站接载站台滞留的乘客。

2. 车站火灾应急处置响应级别

根据城市轨道交通火灾的特点各城市轨道交通企业建立健全了火灾事故应急处置组织机构和分级响应机制,明确了各成员单位的分工和职责,确定了不同等级火灾事故应急救援的启动程序和响应措施,见表7-1。

车站火灾应急分级响应机制　　　　　　　　　　　　　　　　　　表7-1

一级处置	仅局限于火情能直观确认在小范围内,周边无可燃物品,可判定火势无法蔓延,现场烟雾较小,能立即扑灭。一级处置应立即疏散事发区域周边乘客,直接对火势进行扑救,向车控室OCC报告;根据情况启动站台火灾排烟模式,不需启动车站紧急疏散程序,不影响行车组织,不需向外单位执行信息通报程序
二级处置	现场火势猛烈或燃烧产生的烟雾较大(含燃烧部位不明确,无法现场判断),对乘客造成影响;火情事件导致乘客恐慌并自行疏散。二级处置应立即疏散事发区域周边乘客,并组织人员对火势实施扑救开启站台火灾排烟模式并启动车站紧急疏散程序,车站临时关闭;乘客疏散完毕后,根据现场情况(火情是否能控制)执行员工疏散程序,列车不停站通过事发车站,执行相应信息通报程序。应急救援结束后,根据公安部门或抢险救援领导小组指令恢复车站运营
三级处置	发生纵火或爆炸等袭击事件,火灾已蔓延至轨行区或相邻防火分区即可认定并启动三级处置。三级处置应立即启动车站紧急疏散程序,启动站台火灾排烟模式,并对事故现场实施控制(阻止火势蔓延),避免事态恶化,事发车站临时关闭;乘客疏散完毕后,立即执行员工疏散 程序,事发车站所在区间停运,组织小交路运行,执行相应信息通报程序。应急救援结束后,根据公安部门或抢险救援领导小组指令恢复车站运营; 执行二、三级处置级别时,车站应立即执行车站紧急疏散程序,启动站台火灾排烟模式;车站和OCC均应立即向110、120报警,通知驻站公安;其他驻站人员应协助车站对设备区人员展开疏散工作,以及设备保障工作;各生产调度通知维修人员和救援队出动,相邻车站听从调度安排赶往增援; 执行二级处置时,乘客疏散完毕后,如确认火情已扑灭,可不执行员工疏散程序;如火势无法控制,就应立即下达员工疏散命令

单元二　列车火灾类突发事件应急处理

城市轨道交通列车一旦发生火灾,由于空间狭小、逃生困难等原因,将对乘客的人身安全和城市轨道交通设备的安全运行造成重大威胁,运营人员必须果断采取措施,最大程度地减轻灾害造成的损失,尽快恢复城市轨道交通的正常运营,列车火灾的抢救工作应坚持"先救人,后救物"的原则,优先组织人员疏散,抢救伤员。通过采取各种抢救措施,最大程度地减少因突发事件造成的人员伤亡。

二维码44

列车发生火灾的应急处理参见二维码44。

一、列车在区间发生火灾的应急处理措施

1. 火势较大,列车被迫在区间停车时

列车在区间发生(大)火灾的应急处理程序见表7-2。

列车在区间发生(大)火灾的应急处理程序　　　　表 7-2

序号	岗位	作业程序
1	驾驶员	(1)列车发生火灾在区间被迫停车后,驾驶员须迅速判明火情,立即报告行车调度员; (2)降下受电弓; (3)广播安抚好乘客,引导其使用灭火器自救,并组织乘客疏散。如火灾发生在前部则采取乘客从后端疏散;如火灾发生在尾部时,则采取从前端疏散;如发生在中部时,则采取前后两端同时疏散。驾驶员打开车头疏散门,引导乘客疏散,在迅速实施前端疏散后,要尽力判明后端疏散情况,若后端乘客未能疏散时,通过列车广播指引乘客打开后端疏散门,在确保自身安全的前提下设法灭火或者到后端疏散乘客; (4)随即前往着火处灭火。
2	火灾两端车站工作人员	(1)行车值班员接到火灾报告后,立即报告值班站长,通知相关岗位人员,将进出闸机设置为紧急模式状态,并开启相应区间的工作照明,做好乘客广播宣传工作; (2)客运值班员接到通知后,立即到车控室协助行车值班员的工作,中央级控制不能实现时按环控调度员的指示操作 BAS; (3)邻近列车的前、后方车站值班站长根据行车调度员指令带领站务人员或车站保安立即进入隧道协助灭火并引导乘客疏散,同时做好消防队员的引导工作。
3	调度中心	(1)行车调度员扣停后续列车,环控调度员启动区间火灾模式; (2)通知两端车站疏散乘客,若列车停留区域具备打开侧门条件,调度长根据现场情况判断是否要求驾驶员打开侧门。

2. 火势较小,列车可以维持进站时

列车在区间发生(小)火灾的应急处理程序,见表 7-3。

列车在区间发生(小)火灾的应急处理程序　　　　表 7-3

序号	岗位	作业程序
1	驾驶员	(1)判明火情,并迅速向行车调度员和两端车站报告; (2)根据情况,先行采取灭火措施; (3)维持运行至前方车站; (4)如确认发生火灾,通过广播安抚好乘客,引导乘客使用车上灭火器进行灭火; (5)如火势过大,则停车、降弓并疏散乘客。
2	车站工作人员	(1)行车值班员接到行车调度员的通知,通知站台安全员确认火灾情况后,立即报告值班站长、行车调度员、"119""120"及车站办公室; (2)通知相关岗位人员执行列车火灾紧急疏散预案,并广播通知乘客进行紧急疏散; (3)将进出闸机设置为紧急模式; (4)客运值班员接到通知后,立即到车控室协助行车值班员工作,中央级控制不能实现时按环控调度员的指示操作 BAS,对消防系统进行监控; (5)值班站长带领售检票人员立即前往站台与站台安全员共同做好灭火、疏散的准备。售检票人员负责停扶梯,站台安全员负责列车上的乘客疏散,并使用消防设备在列车停车后相应的位置准备灭火; (6)售检票人员负责关停站厅出入口扶梯,疏散乘客; (7)车站保洁员工负责到出入口张贴安民告示,拦截乘客进站,做好引导消防队员进站的准备工作。
3	OCC	(1)行车调度员扣停上、下行列车,环控调度员启动区间火灾模式; (2)调度长指令邻近列车和前方车站或后方车站组织工作人员前往火灾列车灭火和协助乘客疏散。

二、列车在车站发生火灾时的应急处理措施

列车在车站发生火灾的应急处理程序,见表7-4。

列车在车站发生火灾的应急处理程序　　　　表 7-4

序号	岗　位	作　业　程　序
1	驾驶员	(1) 立即打开车门,降下受电弓; (2) 广播通知乘客疏散; (3) 报告行车调度员火灾现场情况; (4) 车门正常打开后,迅速进入车厢疏散乘客,并前往着火处确认火灾情况,并先行灭火; (5) 加强与行车调度员或事故处理主任联系,并按其指令执行相关任务
2	车站工作人员	(1) 值班站长、站台安全员和售检票人员在列车停车开门后,立即采取有效措施进行灭火,并负责疏散列车后端车厢的乘客; (2) 行车值班员及时报告行车调度员火灾现场情况,加强与行车调度员的联系; (3) 客运值班员操作BAS,启动消防系统; (4) 售检票人员负责在站厅疏散乘客; (5) 车站保洁人员接到站控室通知后,马上到紧急出口接应消防员,并引导到火灾现场
3	OCC	(1) 行车调度员扣停上、下行列车,环控调度员启动区间火灾模式; (2) 调度长指令邻近列车和前方或后方车站组织工作人员前往火灾列车灭火和协助乘客疏散

三、列车火灾应急处理程序

1. 当列车在区间(隧道)时

列车在区间发生火灾时各调度员的应急处理程序见表7-5。

列车在区间发生火灾时各调度员的应急处理程序　　　　表 7-5

序号	岗　位	作　业　程　序
1	调度长	(1) 接收行车调度员的报告,立即落实具体情况; (2) 向当值调度员宣布执行列车在区间火灾事故的应急处理程序; (3) 通知各调度员组织各工种人员灭火救灾; (4) 视情况报告"119""120",并通知有关人员在紧急出入口等候消防人员或救护队
2	行车调度员	(1) 确定火点、火情及伤亡情况,报告调度长; (2) 要求驾驶员尽力驾驶列车到达前方站; (3) 通知各站,扣停有关客车,调整列车运行; (4) 如列车能够行驶到达前方车站,则执行"列车在车站发生火灾"的灭火处理步骤; (5) 如列车不能够行驶到达前方车站,则组织区间清客,并通知相邻两站值班站长派人引导乘客进站; (6) 通知电力调度员停止该区域接触网的供电; (7) 将后续列车扣停在后方车站,组织不受影响的车站降级运营; (8) 安排备用列车上线接替火灾客车; (9) 火灾扑灭后,调整列车运行

续上表

序号	岗位	作业程序
3	设备维修调度员	(1) 接收火灾事故的情况报告； (2) 通知隧道内受影响设备的维修工程师，必要时启动抢修程序
4	电力调度员	(1) 根据火灾位置和行车调度员的通知及时切断相关区域接触网的供电； (2) 通知接触网人员配合救火； (3) 检查设备情况和隧道电缆是否受影响； (4) 在隧道清客时提醒行车调度员注意接触网情况，还要做好保证乘客不触电的措施
5	环控调度员	(1) 确定停车位置、着火位置及疏散乘客的方向； (2) 确定隧道通风模式，防止自动执行错误模式； (3) 若疏散方向为单向，须操作隧道风机开启相应紧急模式供应新风，让乘客疏散时迎风而行； (4) 若疏散方向为双向，首先完成乘客撤离的车站隧道风机执行排烟模式，待人员全部撤离，两边车站隧道风机全部执行排烟模式； (5) 随时与事故现场联系，及时掌握现场情况

2. 当列车在车站时

列车在车站发生火灾时各调度员的应急处理程序见表7-6。

列车在车站发生火灾时各调度员的应急处理程序　　　　　　表7-6

序号	岗位	作业程序
1	调度长	(1) 接收行车调度员的报告，立即落实具体情况； (2) 向当值调度宣布执行列车在车站火灾事故应急处理程序； (3) 通知各调度员组织各工种人员进行灭火救灾； (4) 视情况报告"119""120"，并通知有关人员在紧急出入口处等候消防或救护队； (5) 指令车站值班站长将该列车扣停在站内灭火，同时扣停影响灭火的其他列车； (6) 与火灾事故车站的值班站长保持联系，及时掌握现场灭火情况； (7) 视情况组织有限度的列车运营，如小交路运行和反方向运行等； (8) 火灾扑灭后，调整列车运行
2	行车调度员	(1) 确定火点、火情及伤亡情况，报告调度长； (2) 指令失火列车所在车站紧急疏散乘客并降受电弓，调整列车运行； (3) 需要时通知电力调度员停止该区域的接触网供电； (4) 通报各站，做好相应措施； (5) 指令车站值班站长将该列车扣停在站内灭火，同时扣停影响灭火的其他列车； (6) 与火灾事故车站的值班站长保持联系，及时掌握现场灭火的情况； (7) 视情况组织有限度的列车运营，如小交路运行和反方向运行等； (8) 火灾扑灭后，调整列车运行
3	维修调度员	(1) 接收火灾事故的情况报告； (2) 通知车站内受影响设备的轮值工程师，必要时启动抢修程序； (3) 报告维修部门相关领导及公司安全监察部门
4	电力调度员	(1) 在需要的情况下，根据行车调度员的批示，在保证其他列车运行时，可切断相关的接触网电流； (2) 确定车站大小系统及水系统已自动中止正常运营模式，并执行站台火灾模式，否则，下令车站中止该车站大小系统及水系统正常运营模式，人工执行站台火灾模式； (3) 若有必要，启动两个相邻车站靠近事故车站一端的隧道风机并按照同线侧通风排烟模式运行； (4) 若有列车受困于隧道内，检查相邻车站阻车模式的执行，必要时，锁定执行模式； (5) 随时与事故车站保持联系，及时掌握现场情况

单元三　车站火灾类突发事件应急处理

一、车站火灾类突发事件处理原则及报告程序

1. 车站火灾类突发事件处理原则

①突发事件发生时，城轨交通运营企业应急处置指导思想是"先控制、后处置，救人第一"。

②突发事件现场应急处置的重点是控制事故源头和危险区域，组织人员撤离和抢救受伤人员。

③各岗位员工应按规定程序及时间，及时向有关方面报告，迅速开展工作，尽可能控制事故的扩大，以减少伤害损失。

④各岗位员工应沉着冷静，严格执行规定的标准和程序，优先组织人员疏散及伤员抢救，做好乘客疏导和安抚工作，维持秩序，减少乘客恐慌。

⑤各岗位员工应坚守岗位，立即进入突发事件抢险救灾状态，兼顾重点设备和环境的防护，采取一切措施尽可能减少损失。

⑥兼顾现场的保护工作，以利于公安、消防和事件调查部门的现场取证。

⑦员工在应急事件处理时，坚持对外宣传归口管理的原则，不得擅自发布相关信息。

⑧坚持就近处理的原则，在上一级事故处理负责人到达现场前，由现场工作人员担任现场指挥，担任临时事故处理负责人。

2. 车站火灾类突发事件报告程序

1）车站火灾类突发事件的报告原则

①迅速、准确、完整的原则。

②逐级上报的原则。

2）车站火灾类突发事件报告前应采取的行动

①若发现任何可能影响列车安全运行的情况，例如信号设备损坏、异物落入轨道等异常情况，必须立即利用下列方法，截停可能受影响的列车。

a. 操作车站控制室内的紧急停车按钮。

b. 按动站台紧急停车按钮。

c. 猛烈摇动"危险"手信号，或猛烈摇动任何物品。

②若发现设备或装置有故障，则必须立即停用或隔离有关故障设备/装置。

3）车站火灾类突发事件的报告内容

①报告人姓名、职务和单位。

②事件发生的时间（时、分）和地点（区间、百公尺标、公里标或股道）。

③事件发生的概况、原因（若能初步判断）及对运营影响的程度。

④人员伤亡和设备设施损毁情况。
⑤已经采取的措施。
⑥请求救援的内容(例如:公安、消防、救护等)。
⑦其他必须说明的内容。

列车发生火灾后,按照火灾影响运营程度、发展情况及紧迫性等因素,车站应立即组织力量,指挥应急救援队伍,能够在事件一旦发生时迅速出动,赶赴现场并准确施救,以达到控制事态和减少损失的目的。调度中心应根据实际情况组织后续列车不停站通过或扣停后续列车,组织小交路运行。列车驾驶员发现火灾情况后,要充分利用客室广播,做好宣传,稳定乘客情绪,按行车调度员命令组织好行车。

需要强调的是,运行中的列车发生火灾时,无论火势大小,只要列车没有失去动力,一般情况下驾驶员都应坚持将列车驶入前方车站,尽量避免在区间停车。因为列车停在区间时驾驶员和调度人员虽然也可以采取相应的救援措施,但此时主要以乘客自救为主,仅靠驾驶员一人很难进行有效组织,而专业救援人员也难以迅速抵达现场,再加上乘客的恐慌情绪,很容易造成人身伤亡的严重后果。

二、车站(运营期间)失火应急处理办法

①火警警报响起时,值班站长通过FAS、BAS系统确认报警位置,派1名车站员工前往该事发地点查看。
②车站员工:携带无线电对讲机前往事发地点,找出报警原因;实时通知值班站长是否发生火警,火警是否已触动了防火系统。
③如警报为误报,值班站长要及时通知行车调度员及站内所有员工。
④若发生火警,现场员工视情况需要手动操作防火系统;或在安全的情况下,使用灭火器灭火;与现场保持安全距离,并警告其他人远离该处,直至消防人员到场。
⑤值班站长确定火警警报属实后,若火势较大,应立即通知行车调度员召集消防人员到场,并遵照车站疏散程序组织乘客撤离。
⑥启动车站排烟模式。
⑦乘客疏散完毕后,关闭车站出入口(紧急出入口除外)。
⑧如火势很大,值班站长应组织员工撤离车站到紧急集合地点集中,并安排人员在指定出入口引领消防人员到现场灭火。
⑨消防人员到场后,值班站长汇报有关情况,将灭火工作交给消防人员,并加入应急处理救援工作中去。
⑩协助事故调查工作。
⑪值班站长接到可以恢复运营的指令后,清理现场,恢复运营。

三、站台发生火灾的应急处理程序

站台发生火灾时的应急处理程序见表7-7。

站台发生火灾的应急处理程序　　　　　　　　　　表 7-7

序号	岗位	作业程序
1	值班站长	(1) 广播通知车站所有员工站台发生火灾,宣布执行紧急疏散计划; (2) 担任"事故处理主任",到现场组织灭火工作; (3) 火势不大时组织员工穿好荧光背心再进行救火
2	行车值班员	(1) 报告行车调度员车站站台发生火灾,要求停止本站客车服务,并请求支援; (2) 向乘客广播车站发生火灾情况,按压 AFC 紧急按钮,暂停客车服务,尽快疏散并请求出站; (3) 按环控调度员命令执行相应的排烟模式; (4) 确认车站残疾人电梯内无人后,通知客运值班员锁闭残疾人电梯; (5) 及时向调度中心行车调度员汇报火灾的发展情况; (6) 及时向调度中心环控调度员汇报火灾模式运行情况及现场排烟效果
3	客运值班员	(1) 通知停止售票; (2) 做好临时告示,引导乘客疏散; (3) 关闭所有 TVM; (4) 关闭车站电扶梯
4	售票员	(1) 停止售票并收好票款和车票; (2) 到出入口张贴告示,拦截乘客进站
5	站台安全员	(1) 指挥护卫拦截进站乘客,指引乘客疏散出站; (2) 组织乘客从站台未失火的一端疏散到站厅; (3) 列车在该站通过时做好站台乘客安全防护

四、车站火灾中调度中心的应急处理程序

车站火灾中调度中心的应急处理程序见表 7-8。

车站火灾中调度中心的应急处理程序　　　　　　　　表 7-8

序号	岗位	作业程序
1	调度长	(1) 接收行车调度员的报告,立即落实具体情况; (2) 向当值调度宣布:执行列车在车站火灾事故应急处理程序; (3) 通知各调度员组织各工种人员进行灭火救灾; (4) 视情况报告"119""120",并通知有关人员在紧急出入口处等候消防或救护队; (5) 指令车站值班站长将该列车扣停在站内灭火,同时扣停影响灭火的其他列车; (6) 与火灾事故车站的值班站长保持联系,及时掌握现场灭火情况; (7) 视情况组织有限度的列车运营,如小交路运行和反方向运行等; (8) 火灾扑灭后,调整列车运行
2	行车调度员	(1) 确定火点、火情及伤亡情况并报告调度长; (2) 指令失火车站紧急疏散乘客,通报各站,并扣停接近列车。组织退回发车站; (3) 如来不及扣停列车,则组织列车不停站通过火灾车站; (4) 必要时通知电力调度员停止此区域的供电; (5) 通报火情,要求各站按规定执行相关票务模式; (6) 火灾扑灭后,恢复正常运营

续上表

序号	岗 位	作 业 程 序
3	设备维修调度员	(1)接收火灾事故的情况报告； (2)通知车站内受影响设备的轮值工程师,必要时启动抢修程序； (3)报告维修部门相关领导及公司安全监察部门
4	电力调度员	(1)通知变电所值班员注意设备的运行情况； (2)在需要的情况下,可切断相关的牵引电流； (3)通知接触网人员配合救火工作； (4)保证排风系统的电源供应
5	环控调度员	(1)确定着火车站及着火具体位置； (2)确定该车站已自动终止大小系统及水系统正常运营模式,启动相邻最近端隧道通风部分进行排烟。如果火灾发生在站台公共区,确定站台火灾模式自动执行(包括车站大小系统和隧道通风部分)； (3)随时与事故车站保持联系,及时掌握现场情况

实践训练

(1)在实训室运用模拟仿真软件及 VR 设备,进行列车火灾突发事件的应急处理并填写实训任务单(表 7-9、表 7-10)。

列车火灾突发事件表　　　　　　　　　　　　　　　表 7-9

列车火灾突发事件	处理流程	具体操作步骤
列车火灾突发事件		

应急处理程序表　　　　　　　　　　　　　　　表 7-10

岗　位	应急处理程序
岗位 1	
岗位 2	
岗位 3	
岗位 4	
岗位 5	

(2)在实训室运用模拟仿真软件及 VR 设备,进行车站火灾突发事件的应急处理并填写实训任务单(表 7-11、表 7-12)。

车站火灾突发事件表　　　　　　　　　　　　　　　　　　　　　　表 7-11

车站火灾突发事件	处 理 流 程	具体操作步骤
车站火灾突发事件		

应急处理程序表　　　　　　　　　　　　　　　　　　　　　　　　表 7-12

岗　位	应急处理程序
岗位 1	
岗位 2	
岗位 3	
岗位 4	
岗位 5	

模块八　恐怖袭击类突发事件应急处理

模块描述

地铁作为城市最重要的交通工具，由于其特殊性和重要性，一直是恐怖分子袭击的重要目标。地铁恐怖袭击具有隐蔽性强、事前难以预防等特点，一旦袭击成功往往造成重大的人员伤亡和财产损失。本模块主要介绍恐怖袭击的特点、手段和工具，并针对不同的列车和车站恐怖袭击类突发事件进行应急处理分析。

思维导图

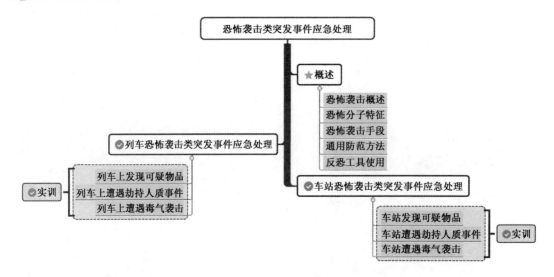

知识目标

(1) 了解列车和车站遭遇恐怖袭击的影响及危害；
(2) 了解列车和车站发现可疑物品时的处理措施；
(3) 掌握列车和车站遭遇劫持人质时的处理要点；
(4) 了解列车和车站遭遇毒气袭击事件的特点；
(5) 掌握列车和车站遭遇毒气袭击事件的处理要点；
(6) 明确各岗位工作人员职责。

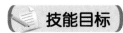

技能目标

（1）树立反恐意识；
（2）能辨认恐怖分子；
（3）会使用各种反恐工具。

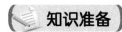

知识准备

单元一　恐怖袭击类突发事件概述

一、恐怖袭击概述

在学习如何应对恐怖袭击之前，我们先看一组关于全球范围内的重大恐怖袭击案例的数据（见表8-1），了解恐怖袭击活动发生的规律和发展趋势。

全球重大恐怖袭击案例　　　　　　　　　　　　　　　　表8-1

案 例 名 称	时间(年)	死亡人数(人)	受伤人数(人)
突尼斯国家博物馆遭恐怖袭击	2015	22	—
法国杂志社遭恐怖袭击	2015	12	4
肯尼亚商场恐怖袭击	2013	67	上百
美国波士顿马拉松爆炸案	2013	2	近百
挪威爆炸枪击事件	2011	77	80多
孟买连环袭击案	2008	188	313
卡拉奇连环爆炸案	2007	140多	500多
孟买连环爆炸案	2006	100多	260多
埃及连环爆炸案	2005	90	200
伦敦地铁爆炸案	2005	56	400多
马德里连环爆炸案	2004	200	600多
别斯兰人质事件	2004	330多	
巴厘岛连环爆炸案	2002	202	330多
莫斯科人质事件	2002	118	
中国昆明火车站恐怖袭击	2014	29	143
中国广州火车站持刀砍人	2014		6

从上表可以看到，全球恐怖袭击活动从未停止，造成的人员伤亡数目不可小觑，恐怖袭击活动给世界人民带来的恐慌日益严重。恐怖袭击活动不分国别，反恐战争不是一个国家或一个地区的事。但是仍有很多地方的民众未意识到恐怖袭击带来的灾难性后果，特别是一些身处象牙

塔的大学生们，认为自己的生活环境非常安全，恐怖袭击事件离自身很遥远，缺乏反恐意识。

"反恐"是每一个人的责任，我们应该提高自己的反恐意识，学习反恐方法及技巧，在遇到突发恐怖事件时能够妥善应对，尽最大努力避免或减少灾难带来的伤害。

二、恐怖分子特征

在具备反恐意识之后，我们还应学会如何识别恐怖分子。现实生活中，恐怖分子往往会带有一些可疑的特征，我们在日常生活中应随时留意身边的人或物，从他们的特征中识别恐怖分子。

1. 可疑人员特征

1）作息特征

昼伏夜出，作息时间反常。

2）住房特征

住房内有异常声响、异常气味（如火药味、血腥味、类似臭鸡蛋的刺鼻气味等）。

3）垃圾特征

常出现非生活垃圾，如带血的绷带等。

4）交往特征

交往复杂、异常，通常这些人的长相、神情、穿着会与常人不同。

5）物品特征

常携带异常物品出入，如管制刀具等。

2. 可疑车辆特征

1）车牌特征

车辆没有车牌或者故意遮挡车牌。

2）外观特征

车窗门锁有撬压损坏痕迹，车体有异常损伤。

3）停留特征

在禁止停车的水、电、气、热等重要设施附近以及繁华路口、转弯处停车。夜间停车长时间着车熄灯。

4）人员特征

乘车人员较多，神色惊慌、东张西望，戴墨镜或用帽子遮挡面部，见到有人接近刻意躲避。

5）行驶特征

在非机动车道区域快速行驶，行驶轨迹左右摇摆、忽快忽慢等异常行驶。

6）物品特征

车内装载物品属于易燃易爆、易挥发、易腐蚀等危险品，大量管制刀具，物品包装异常等。

三、恐怖袭击手段

我们应该了解恐怖分子惯用的恐怖袭击手段，再做好相应的应急准备。常见恐怖袭击手段有：砍杀、冲撞碾轧、纵火、爆炸、枪击、劫持人质或交通工具，破坏电力、交通、通信、供水设施等,恐怖袭击还包括核电辐射、化学、网络、生物恐怖袭击等。下面对爆炸和化学恐怖袭击两种发生概率较高且影响大的恐怖袭击进行阐述。

1. 爆炸

1)爆炸的概念

爆炸是指一种或一种以上的物质在极短时间内(一定空间)急速燃烧,短时间内释放出大量能量,产生高温,并放出大量气体,在周围介质中造成高压的化学反应或状态变化,使气体体积迅速膨胀,对人和周围环境产生重大及毁灭性伤害。

2)爆炸发生的条件

①存在可燃性气体。

②在一定的空间内形成爆炸性混合物,其浓度在该气体的爆炸极限范围内。

③有点火源,其能量必须大于爆炸性混合物的最小点火能量。

3)识别可疑爆炸物方法

①不要触摸,由表及里、由远到近地观察,识别、判断可疑物品有无暗藏爆炸装置。

②用耳朵倾听是否有爆炸倒计时等异常声响。

③用鼻子嗅,黑火药会放出臭鸡蛋的味道。

4)爆炸物可能放置的地方

①厕所等隐蔽角落,不易被人发现的地方。

②重大活动场所,如大型运动会、明星演唱会等。

③人员聚集场所,如商业区、地铁站、火车站等。

④行李、包裹、手提包、礼品盒中。

⑤宾馆、酒吧、KTV等易于隐蔽且闲杂人员容易进出的地点。

⑥公交车、地铁列车、游轮等各种交通工具上。

5)发现可疑爆炸物处理方法

①切勿靠近,立即报警,尽量掌握可疑物发现的时间、大小、位置、外观等情况,为警方提供有价值的线索。

②迅速撤离,不要惊慌互相拥挤,以免发生踩踏事故,造成伤亡。

③撤离时不要引起恐慌,照顾好身边的老人和小孩。

6)地铁列车上发生爆炸的处理办法

①迅速利用车上的报警按钮向司机反映情况。

②寻找列车上的消防器材,利用消防器材灭火。

③不要触碰紧急开门装置以免列车意外停车,耽误救援时间,更不要砸窗、跳车,地铁旁有高压电,跳车会有触电身亡的危险。

④在工作人员指引下,迅速有序地通过车头或车尾疏散门进入隧道,向邻近车站撤离。

⑤寻找衣服、毛巾,打湿,捂住口鼻,有序撤离。

2. 化学恐怖袭击

1)化学恐怖袭击的概念

化学恐怖袭击是指以有毒、有害化学品为武器的恐怖活动。

2）遭遇化学袭击的处理办法
①不要惊慌,做好自身防护,利用环境设施和随身物品遮掩口鼻,避免毒气吸入和侵袭。
②进一步判明情况,化学恐怖袭击多利用空气为传播介质,常伴有异常气味、烟雾等现象。
③尽快寻找出口,迅速有序撤离污染区域,尽量逆风撤离。
④及时报警求助。
⑤进行必要的自救互救,采取催吐等方法,加快毒物排出。

四、通用防范方法

1. 保持镇静

不要慌乱,避免大声惊叫引起对方警觉。

2. 确保安全

做好自身保护,同可疑人保持一定距离。

3. 牢记特征

尽量记住嫌疑人及交往人员体貌特征,在确保不被发现的情况下,用手机对人或物品进行拍照。

4. 迅速报警

转到安全的地方迅速拨打110,反映可疑情况。报警内容包括时间、地点、人物特征及数量、物品特性、事件类型及规模、报警人联系方式等。

五、常用反恐工具

1. 警用约束叉

警用约束叉见图8-1。

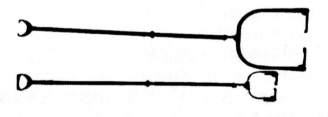

图8-1　警用约束叉

1）性能介绍

在铁路列车或地铁车站都备有若干警用约束叉,约束叉用以控制歹徒,保持与歹徒的安全距离。警用约束叉可伸缩,伸缩长度为1~2m,末端装有半圆弧形叉头,叉头可夹可锁,没有棱角,叉头没有攻击性。紧急情况下也可以将约束叉换头当长棍攻击对方。

2)使用方法

(1)警用约束叉的伸缩。

警用约束叉由叉和杆两段构成,伸长后有机械锁扣会自动锁闭,按下锁扣即可收回。

(2)警用约束叉的使用。

警用约束叉主要用于与歹徒对峙时保持安全距离,将歹徒控制在相对固定范围内(一般是墙角),使用前应先伸长约束叉,拨动尾部开关打开叉头。使用时一手握住把手,一手举叉,用半圆弧形叉头对准歹徒的腰部、胸部进行阻挡拦截。最好是两人配合,从不同方向进攻,一人控制歹徒的腰部或脖子,另一人控制歹徒的攻击手臂。

3)注意事项

①使用警用约束叉时应注意自身安全,与歹徒保持安全距离,尽量将歹徒控制在角落。最好几人同时进行。

②面对持械歹徒应注意躲闪歹徒投掷的器械。

2. 伸缩警棍

1)性能介绍

伸缩警棍属于警方的低强度武装警械,一般用于对付具有中低强度攻击意识的对象,作为压制歹徒以及自我防护武器使用。

2)使用方法及注意事项

(1)出棍方式。

伸缩警棍日常应处于收缩携带状态,在使用时的出棍方式一般有以下两种。

①下出棍:手握棍上提,棍头向上,然后手臂快速向下挥甩。手臂向下挥甩及手腕下压的动作越快,锁定越牢固。

②上出棍:手握棍上提,棍头向上,然后猛然向下一顿。速度越快越好,棍子锁定就越牢固。

(2)击打要点。

伸缩警棍击打会导致钝器击伤,为避免对歹徒的人身伤害,在使用时应严格遵循"三打、三不打"的原则,即"打手腕、脚腕、膝盖""不打头、脊椎和胸部心脏"。

(3)使用注意事项。

①伸缩警棍一般用于制服歹徒。

为保障使用者人身安全,使用伸缩警棍时尽量避免与持械歹徒对峙。

②若歹徒穿着过于厚重,击打效果会大大受到影响,可根据现场情况使用其他防恐工具应对。

3. 警用喷雾

1)性能介绍

警用喷雾是一种新型的警械,具有质量轻、运用广、使用方便、效果好等特点。喷雾液体是辣素溶液,接触体表部位会火辣辣的疼痛;吸入警用喷雾后会导致呼吸困难、严重打喷嚏;沾染眼睛则会导致眼睛暂时无法睁开。使用正确可在一定时间内使歹徒无法实施有效攻击。

2)使用方法及注意事项

①警用喷雾使用的方法为按压式,使用时向歹徒的面部持续喷射效果最好。

②使用警用喷雾时应位于上风处,避免风将喷雾吹向自己,造成自身伤害。

③歹徒被喷雾喷中后会变得情绪激动,再次进行攻击。所以使用警用喷雾的同时应注意自身安全,保持安全距离。

4. 防割手套

1)性能介绍

防割手套,可手抓匕首、刺刀等利器刃部。即使刀具从手中拔出也不会割破手套,不会伤及手部。

2)使用方法及防护

直接戴在手上,并且扣好开关。

防割手套超乎寻常的防割性能和耐磨性能,使其成为高质量的手部劳保用品。一双防割手套的使用寿命相当于500副普通线手套,称得上是"以一当百"。

5. 电棒

1)性能介绍

电棒是由一体化高质量集成块及可充镍氢电池构成,外部结构主要是由硬胶压注以及金属材料组成,在电棒的前部有一对或多对金属电击头,后端有电击保险开关,按下电击开关,就能产生强烈电击。

2)使用方法及作用

(1)电击。

一般右手握住电警棍手柄,并将保险套套在腕上,用大拇指按动手柄处电击按钮,此时会有蓝色电弧产生,将金属放电条触及人体皮肤,被击者就会产生剧烈的麻木酸痛感。

(2)照明。

手握电警棍,按动前部靠近放电条的红色照明开关,此时照明灯应亮。

(3)报警。

手握电警棍,按动中部报警开关将发出由弱到强的连续报警声响。

6. 盾牌

1)性能介绍

防暴盾一般用来应对群体骚乱等低等级冲突,能有效阻挡玻璃瓶等物体投击,特警使用的防暴盾一般还有防冲电波和防强光的功能。

2)使用方法

盾牌可以挡,也可以撞。

①在处置突发事件的现场,可以手持盾牌,立正站好。

②当遇到危险时,就用双手抓住盾牌,身体下蹲,目视前方,做好持盾牌戒备姿势。既能保护好自己,又能攻击。

③当有犯罪分子用匕首向你捅来时,可以用盾牌迅速上挡一下,把匕首挡开。

④攻击是最好的防守,发现机会应立即展开攻击,用盾牌使劲撞击犯罪分子,使其不能利用凶器进攻。

单元二　列车恐怖袭击类突发事件应急处理

一、列车上发现可疑物品的应急处理（相关资源参见二维码45）

1. 概述

车站发现可疑物品时，车站人员马上前往处理。而列车上发现可疑物品与车站不同，列车上只有司机一个工作人员，要保证到车的安全行驶，只有等列车开到前方车站后在站内处理。

2. 处理要点

①列车上发现可疑物品后，司机立即用车内广播通知乘客认领。如果是无人认领的可疑物品，报告行车调度员。让乘客离开可疑物品所在的车厢。

②行车调度员通知列车司机继续运行到前方站，通知前方站有可疑物品需要移交。

③由车站值班员通知驻站轨警接收可疑物品，由地铁公安负责确认和处理。

3. 处理程序（表8-2）

列车上发现可疑物品的应急处理程序　　　　　　　　　　表8-2

序号	岗　位	作 业 程 序
1	列车司机	(1) 列车上发现无人认领可疑物品后，司机用车内广播通知乘客认领； (2) 如果是无人认领的可疑物品，用车内广播引导乘客离开该车厢； (3) 立即报告行车调度员
2	行车调度员	(1) 接到列车上发现无人认领的可疑物品的报告后，命令前方车站值班员通知驻站轨警（或保安）到列车上接收可疑物品； (2) 立即报告线路值班主任； (3) 命令封站车站的邻线列车立即开车； (4) 拦停开往本站的上、下行列车，来不及拦停指示列车不停车通过本站，不能不停车通过时退回后方站； (5) 向全线发布运营受阻信息，在具备运行条件的区段，组织列车小交路运行，调整列车运行秩序
3	车站值班员	(1) 接到行车调度员列车上有乘客被劫持的通知后及时向值班站长报告； (2) 立即通知驻站轨警（或保安）到站台等候，列车到站后由轨警（或保安）将可疑物品取出
4	列车司机	按照行车调度员指示保证列车运行到前方处理，列车到站后，引导轨警和保安接收可疑物品
5	值班站长	(1) 列车到站后，协助司机疏散列车上乘客，劝导乘客不要围观； (2) 公安轨道支队确认该物品有危险后，值班站长根据轨警的指示，启动应急预案，立即封站疏散车站所有人员； (3) 安排保安到车站出入口阻止乘客进站，引导"110"人员进站

续上表

序号	岗 位	作 业 程 序
6	值班员	（1）得到值班站长清客、封站的命令，车站值班员立即报告行车调度员并广播引导乘客远离危险区域出站； （2）通过CCTV观察车站情况，保持与值班站长和行车调度员联系，随时报告处理进度
7	事故恢复	（1）事件处理完毕后，值班站长按警方通知向行车调度员报告，请求恢复运营； （2）行车调度员确认具备恢复运营条件后，下令恢复运营； （3）车站工作人员清理现场，组织恢复运营

4．事故调查分析

通过车站CCTV监控视频、列车监控视频、现场目击证人证词、事发现场情况、乘客伤亡情况等对事故进行分析，配合公安部门做全面调查，并提出改进方案和措施。

5．事故预防

根据事故调查，提出事故预防方案和措施，并对车站员工进行演练培训，加强车站巡视，不断完善车站工作，减少乘客伤亡事故的发生。

二、列车上遭遇劫持人质事件的应急处理

1．概述

列车上的劫持人质事件分两种情况：一种是乘客被劫持；另一种是司机被劫持。

两种情况下，司机都应设法驾驶列车到站进行处理。如果是司机被劫持，司机更要灵活处理，随机应变。一方面，尽量维持列车的ATO驾驶模式，保证列车能到站停车，打开车门疏散乘客；另一方面，要设法与外界取得联系，让外界知道自己的处境，保证自身安全。

2．处理要点

①列车运行到站紧急疏散乘客。

②列车即将到达的车站提前组织疏散与封站，列车到站后协助疏散列车上的乘客。

③及时报警，立即报告城市轨道交通公安支队、"120"等。

④做好自身防护，保证自身安全，避免事态扩大。

3．处理程序

①列车上乘客被劫持时的应急处理程序（表8-3）。

模块八 恐怖袭击类突发事件应急处理

列车上乘客被劫持时的应急处理程序　　　　表 8-3

序号	岗　位	作　业　程　序
1	列车司机	接到列车上乘客被劫持的信息时,立即报告行车调度员
2	行车调度员	接到乘客被劫持的报告后。 (1)指示列车司机继续运行到前方站清客; (2)马上报告线路值班主任; (3)立即通知前方到站提前疏散乘客并封站; (4)通知在站的邻线列车立即开出,命令邻线其他列车不停车通过; (5)向全线发布运营受阻信息,在具备运行条件的区段组织列车小交路运行,调整列车运行秩序
3	车站值班站长	组织车站人员启动应急预案,指示工作人员保证自身安全。各岗位人员的职责同车站遭遇劫持人质事件时一致
4	列车司机	按照行车调度员指示进站停车,疏散乘客完毕后,从驾驶室撤离到安全地点
5	事后恢复	(1)值班员接到暴恐分子已被制服并带离车站的通知后,停止播放广播,再次按压 AFC 紧急释放按钮恢复车站进出站闸机,并确认各项设施、设备是否恢复正常,及时处置,确保满足正常运营条件,及时向值班站长和行调汇报; (2)行车调度员确认具备恢复运营条件后下令恢复运营; (3)值班站长确认暴恐分子已被制服并带离车站后,通知各岗位准备恢复运营,听取各岗位汇报,具备运营条件后,组织恢复车站运营; (4)车站工作人员回到各自岗位,维持日常工作秩序

②列车司机被劫持时的处理程序(表 8-4)。

列车司机被劫持时的应急处理程序　　　　表 8-4

序号	岗　位	作　业　程　序
1	列车司机	(1)列车在运行中,歹徒闯入驾驶室劫持司机时,列车司机必须维持 ATO 自动驾驶模式,保证列车在前方站自动停车并打开车门和站台门疏散乘客; (2)若歹徒威胁司机列车不得停站,司机不可转换驾驶模式,而应向歹徒托词列车驾驶必须由中央控制,以便向行车调度员报告; (3)若歹徒拒绝通话,司机可悄悄打开与行车调度员联系的无线列车调度电话,或者将对讲机处于通信位置,让行调通过司机与歹徒的对话知道司机室发生的情况; (4)若无法报告行车调度员时,司机应想尽一切办法让外界知道自己的处境,将一切有用的信息传递出去
2	站台人员	(1)发现停在站台上的列车司机被劫持,立即按压紧急停车按钮扣停列车,组织列车和站台上的乘客紧急疏散; (2)立即报告值班员和值班站长(值班员接到通知后立即报告行调)

续上表

序号	岗位	作业程序
3	行车调度员	(1)接到列车司机被劫持报告后,立即报告线路值班主任; (2)接到歹徒强迫列车司机到站不停车的报告后,命令前方车站值班员掌握时机按压"紧急停车按钮",将列车强行扣停在车站; (3)命令前方站的邻线列车立即开车,扣停其他相关列车; (4)调整列车运行,维持小交路运行; (5)向全线发布列车运行受阻的信息; (6)尽可能按照警方要求进行列车控制,将列车引入警方指定的车站或者开往车场露天空线停车; (7)事发列车进入警方指定的车站或车场前,指示车站立即停止车站乘客服务,先行疏散车站乘客,安排进入车站或车场空线的进路
4	车站值班站长	(1)接行车调度员命令后,通知车站工作人员执行人质被劫持应急预案; (2)列车到站后,协助疏散列车上的乘客
5	司机	(1)被劫持的司机应灵活机动地与歹徒周旋,不要刺激歹徒,要转移其注意力,使其放松警惕,保护自身安全; (2)列车到站停车开门后,如果能有机会逃生,应尽快逃生;如果没有机会逃生,应等待现场警方进行专业处理; (3)事件处理完毕后,被劫持的司机原则上不再担任当日乘务工作。乘务段另行安排其他司机
6	事后恢复	(1)事件处理完毕后,值班站长按警方通知向行车调度员报告,请求恢复运营; (2)行车调度员确认具备恢复运营条件后,下令恢复运营; (3)车站人员清理现场,组织恢复运营; (4)乘务段安排其他司机担任乘务,恢复运营

4.事故调查分析

通过车站CCTV监控视频、列车监控视频、现场目击证人证词、事发现场情况、乘客伤亡情况等对事故进行分析,配合公安部门做全面调查,并提出改进方案和措施。

5.事故预防

根据事故调查,提出事故预防方案和措施,并对车站员工进行演练培训,加强车站巡视,不断完善车站工作,减少乘客伤亡事故的发生。

三、列车上遭遇毒气袭击的应急处理

1.概述

城市轨道交通线路穿行于城市的各大商圈、政府机关和居民区等,这些区域都是人流量密集的地带。一旦这些线路或车站遭遇毒气袭击,不仅会使城市轨道交通系统遭受惨重损失,还会对周围环境造成严重影响,造成大量人员的伤亡。

2. 处理要点

①列车遭遇毒气恐怖袭击,司机应尽量将列车运行到车站疏散乘客,并立即报告行车调度员。

②迅速做出反应,疏散车站乘客,提前封站,包括本站乘客疏散和接应列车上乘客疏散工作。

③行车调度员做出行车调整。

④环控调度员开启相应的风机进行排毒。

⑤参与现场救援工作人员应佩戴防毒用品。

3. 处理程序(表 8-5)

列车上遭遇毒气袭击的应急处理程序　　　　表 8-5

序号	岗位	作业程序
1	列车司机	(1) 得知车厢发生毒气袭击事件,打开驾驶室侧窗进行通风; (2) 保持空调处于紧急通风状态(有窗的列车,司机引导乘客打开车窗); (3) 立即报告行车调度员; (4) 尽量将列车继续运行到前方车站停车并疏散乘客; (5) 立即用列车广播安抚乘客
2	行车调度员	(1) 立即向值班主任报告,并通知环控调度员; (2) 列车在区间时,指示司机继续运行到前方站停车并疏散乘客; (3) 列车在车站时,命令车站立即封站,疏散乘客; (4) 命令列车将要达到的车站,提前封站,疏散乘客; (5) 命令列车将要达到车站的下行列车立即开车; (6) 拦停开往本站的上、下行列车;来不及拦停时,应呼叫列车立即停车退回后方站;若后方站有车占用时,命令列车不停车通过本站; (7) 扣停后续列车; (8) 向全线发布运营受阻信息,在具备运行条件的区段组织列车小交路运行,调整列车运行秩序
3	环控调度员	(1) 立即向值班主任和环控工程师报告; (2) 线路值班主任和环控工程师审核处置方案,经总调批准同意后执行; (3) 在区间隧道内发生时,环控调度员应立即关闭相邻车站排风,保持车站处于正压状态,防止毒气向车站扩散; (4) 根据现场抢险指挥长的要求,开启相应的风机; (5) 若发生中央级控制无法操作时,及时向车站值班员下放"站控"; (6) 检查、监视通风情况并随时报告线路值班主任和环控工程师
4	司机	(1) 维持列车自动驾驶模式,尽量将列车运行到前方站,到站后打开车门和站台门,疏散乘客; (2) 乘客疏散完毕后,将车门和站台门保持常开状态; (3) 若列车在隧道内不能继续运行,根据行车调度员命令启动区间乘客疏散救援预案

续上表

序号	岗 位	作 业 程 序
5	车站值班员	(1)立即按压AFC紧急按钮,打开全部进、出站闸机; (2)报告值班站长,发生毒气袭击的列车将要到达本站,做好站台紧急疏散准备; (3)立即对车站所有区域(公共区、设备区等)进行广播,通知人员疏散; (4)通知车站员工、保安,按预案规定到各自岗位维持秩序,疏散乘客; (5)如果中央级控制无法操作,环控调度员下放"站控"后,由车站值班员在车站级操作,操作失败后在IBP盘上操作; (6)通过CCTV观察车站情况,保持与行车调度员和环控调度员联系,随时报告处理进度
6	车站值班站长	车站值班站长立即启动应急预案,指示工作人员戴好防毒面具,指挥封站和疏散,具体操作和各岗位人员职责同车站遭遇毒气袭击时一致
7	事后恢复	(1)值班站长在消防人员处理好现场,确认可以恢复运营后向行车调度员报告,请求恢复运营; (2)行车调度员确认具备恢复运营条件后,下令恢复运营,恢复行车方案; (3)环控调度员恢复正常环控工况模式; (4)各岗位人员回到各自岗位,恢复日常工作

4. 事故调查分析

通过车站CCTV监控视频列车监控视频、现场目击证人证词、事发现场情况、乘客伤亡情况等对事故进行分析,配合公安部门做全面调查,并提出改进方案和措施。

5. 事故预防

根据事故调查,提出事故预防方案和措施,并对车站员工进行演练培训,加强车站巡视,不断完善车站工作,减少乘客伤亡事故的发生。

单元三　车站恐怖袭击类突发事件应急处理

一、车站发现可疑物品的应急处理

1. 概述

可疑物品是指无人认领的外观、形状、包装、重量、声音和气味可疑的物品。车站工作人员上岗之前都会接受危险物品的相关培训,上岗后在日常工作中要时刻留意乘客携带的物品,特别是放置在角落长时间无人认领的物品。发现可疑物品时及时报警,根据警方指示封站,调整列车运行。

2. 处理要点

①车站发现可疑物品后,值班站长立即报告轨道公安支队,由轨道公安支队负责确认。

②经轨道公安支队确认为危险品后,车站值班员应立即报告行车调度员、安全保卫部。
③疏散乘客时,应尽量不要引起乘客恐慌,组织乘客到站外安全地点。
④行车调度员及时扣停有关列车,避免造成更大的损失。

3. 处理程序(表 8-6)

车站发现可疑物品的应急处理程序　　　　　　　　　　　　　　表 8-6

序号	岗位	作业程序
1	车站人员	发现可疑物品立即报告值班员和值班站长
2	值班员	立即向行车调度员、"110"报告
3	值班站长	在警方确认物品危险性前,赶往现场指挥工作: (1)设置警戒线,隔离危险品,保护事发现场,劝导乘客不要围观; (2)安排人员在现场拍照留证,寻找并挽留证人,收集证词; (3)安排人员到出入口引导"110"进站
4	值班组长	在警方确认物品为危险品后,启动预案,下令封站
5	值班员	(1)根据值班站长的指示,立即向行车调度员、安全保卫部、"110"、"120"报告; (2)按压 AFC 闸机紧急释放按钮,打开全部进出站闸机; (3)广播引导乘客立即出站; (4)通过 CCTV 观察车站情况,保持与值班站长和行车调度联系,随时报告处理进度
6	行车调度员	(1)接到报告后,立即向线路值班主任报告; (2)指挥站上的列车立即开车;扣停后续列车,来不及扣停时指示列车不停车通过本站;不能不停车通过时组织列车退回后方站; (3)组织具备运行条件的区段维持小交路运行
7	司机	(1)列车正在发现可疑物的车站时,司机应根据行车调度员的命令迅速将车驶离该站; (2)根据行车调度员的命令,即将到达该站的列车不停车通过本站,不能不停车通过时反方向运行回后方站; (3)线上所有列车司机接行车调度员命令后,广播向乘客进行通报,引导前往该站的乘客换乘其他交通工具
8	车站各岗位人员	按照应急预案做好乘客疏散工作: (1)厅巡员关停所有电扶梯或将扶梯调往出站方向运行; (2)售票员收好票款,锁好票亭,打开边门,疏散乘客; (3)客运值班员锁好票务室(点钞室),到站厅引导乘客疏散; (4)站台岗将站台乘客往站厅疏散,疏散完毕后到站厅协助疏散; (5)安检岗协助疏散乘客; (6)各岗位按照值班站长的指示做好其他工作,如受伤乘客的救护等
9	事后恢复	(1)事件处理完毕后,值班站长按警方通知向行车调度员报告,请求恢复运营; (2)行车调度员确认具备恢复运营条件后,下令恢复运营; (3)车站人员清理现场,组织恢复运营

4. 事故调查分析

通过车站 CCTV 监控视频、现场目击证人证词、事发现场情况、乘客伤亡情况等对事故进行分析，配合公安部门做全面调查，并提出改进方案和措施。

5. 事故预防

根据事故调查，提出事故预防方案和措施，并对车站员工进行演练培训，加强车站巡视，不断完善车站工作，减少乘客伤亡事故的发生。

二、车站遭遇劫持人质事件的应急处理

1. 概述

城市轨道交通作为现代交通的骨干，越来越受到公众的关注，轨道交通线路一般会把城市中的重要商圈、党政机关、金融机构、居民生活区连接起来，客流量往往较大，一旦城市轨道交通系统出现危急情况，其影响力大、影响面广。一些不法分子为了报复社会，给社会带来恐慌。通常会选择在城市轨道交通线路和车站实施违法犯罪行为。恐怖分子的恐怖行为有很多种类型，本节主要讲车站遭遇劫持人质事件的处理。这种情况下，很多乘客会进行围观拍照。车站人员在做好自我防护的前提下，及时疏散乘客，阻止围观，及时报警。

2. 处理要点

①发现劫持人质事件后立即报警，根据需要报"120"。
②值班站长启动应急预案，指示车站人员做好自我防护。
③事发现场 3m 范围内设置警戒线，阻止乘客围观，立即进行疏散。
④事态扩大或歹徒攻击性太强时，根据需要封站。
⑤行车调度员根据需要组织列车不停车通过车站，并调整行车方案。

3. 处理程序（表 8-7）

车站遭遇劫持人质事件的应急处理程序　　　　　　表 8-7

序号	岗 位	作业程序
1	车站人员	发现车站范围内有劫持人质的治安事件发生时，立即报告车站值班员和值班站长
2	值班员	（1）接到通知后立即通知值班站长，告知值班站长暴恐事件发生的位置或车次及人员信息，以便有关人员及时赶赴现场进行处置； （2）及时向行车调度员、安全保卫部、公安轨道支队、"120"报告，简要说明事发车站、歹徒人数、性别、凶器、人员伤亡情况，以及报告人单位及姓名、职务、联系方式等； （3）将通往车控室等重点区域的房门(窗)反锁，避免歹徒流窜进设备区； （4）广播引导乘客立即出站或远离危险区域； （5）通过 CCTV 观察车站情况，保持与值班站长和行车调度员联系，随时报告处理进度

续上表

序号	岗 位	作 业 程 序
3	值班站长	(1)有暴恐事件发生时,立即通知车站各岗位启动暴恐应急预案,指示车站所有工作人员注意自身防护; (2)立即到事发现场设置警戒线,劝导乘客不要围观、疏散乘客; (3)了解现场情况,保护现场,搜集线索,保持与车站值班员信息的传递; (4)立即安排车站保安或其他人员使用防暴装备(防暴叉、甩棍、防暴喷雾等),根据现场情况使用防暴装备控制或制服歹徒; (5)安排车站工作人员到车站出入口阻止乘客进站,引导"110""120"人员进站
4	行车调度员	接到报告后立即报告线路值班主任,组织列车在发生劫持人质的车站通过和调整列车运行
5	车站其他人员	(1)客运值班员:锁好车站票务室大门,保证票款安全;保证自身安全,引导乘客出站;协助医务人员抢救伤员,组织乘客自救、互救; (2)售票员:锁闭钱箱、票亭,保护票款安全;保证自身安全,在站厅引导乘客向站外疏散;协助医务人员抢救伤员,组织乘客自救、互救; (3)厅巡员:保证自身安全;厅巡员在站厅引导乘客往站外疏散;随时向值班站长报告各自区域情况;协助医务人员抢救伤员,组织乘客自救、互救; (4)安检员:立即停止安检,阻止乘客进入,引导乘客出站;听从站长、值班站长安排,协助保安使用防暴装备制服歹徒;注意自身防护,保证自身安全,避免事态扩大; (5)站台安全员:保证自身安全;站台岗引导乘客疏散到站厅;随时向值班站长报告各自区域情况;协助医务人员抢救伤员,组织乘客自救、互救; (6)保安:保安接到值班站长通知后,立即携带防暴装备赶往事发地点;协助医务人员抢救伤员,组织乘客自救、互救;注意自身防护,保证自身安全,避免事态扩大;险情解除后,恢复日常运营秩序,及时清理现场
6	事后恢复	(1)值班员接到暴恐分子已被制服并带离车站的通知后,停止播放广播,确认各项设施、设备是否恢复正常,及时处置,确保满足正常运营条件,及时向值班站长和行车调度员汇报; (2)行车调度员确认具备恢复运营条件后,下令车站恢复运营,并调整恢复行车方案; (3)值班站长确认暴恐分子已被制服并带离车站后,通知各岗位准备恢复运营,听取各岗位汇报,具备运营条件后,组织恢复车站运营; (4)工作人员回到各自岗位,维持秩序

4. 事故调查分析

通过车站 CCTV 监控视频、现场目击证人证词、事发现场情况、乘客伤亡情况等对事故进行分析,配合公安部门做全面调查,并提出改进方案和措施。

5. 事故预防

根据事故调查,提出事故预防方案和措施,并对车站员工进行演练培训,加强车站巡视,不断完善车站工作,减少乘客伤亡事故的发生。

三、车站遭遇毒气袭击的应急处理

1. 概述

城市轨道交通线路穿行于城市的各大商圈、政府机关和居民区等,这些区域都是人流量密集的地带。一旦这些线路或车站遭遇毒气袭击,不仅城市轨道交通系统会损失惨重,还会对周围环境造成严重影响,造成大量人员的伤亡。

2. 处理要点

①车站遭遇毒气恐怖袭击时,关键是迅速、紧急疏散乘客,立即封站。

②相关人员及时报告公安轨道支队、"119""120"。

③行车调度员拦停开往本站的上、下行列车;若来不及拦停时,应组织列车退回后方站;扣停后续列车,调整行车方案。

④环控调度员关闭通风系统、水系统,使两端车站处于正压,根据现场抢险总指挥人员指示开启相应风机。

⑤参与现场救援工作人员应佩戴防毒用品。

3. 处理程序(表8-8)

车站遭遇毒气袭击的应急处理程序　　　　　　　　　　　表8-8

序号	岗位	作业程序
1	车站人员	发现相继有乘客感觉不适,出现中毒症状,疑似遭遇毒气袭击时,立即报告值班站长和车站值班员
2	值班站长	接到报告后立即启动应急预案,指示工作人员戴上防毒面具,组织疏散和封站
3	值班员	(1)立即向环控调度员和行车调度员报告车站遭遇毒气袭击事件的概况; (2)通知本站员工做好疏散乘客和抢救伤员工作; (3)及时向公安轨道支队、"119""120"报警; (4)立即报告安全保卫部; (5)立即按压 AFC 紧急按钮,打开全部进、出站闸机; (6)立即对车站所有区域(公共区、设备区等)进行广播,通知人员疏散; (7)通知车站员工、保安,按预案规定到各岗位维持秩序、疏散乘客; (8)如果中央级控制无法操作,环控调度员下放"站控"后,由车站值班员在车站级操作,操作失败后在 IBP 盘上操作; (9)通过 CCTV 观察车站情况,保持与值班站长和行车调度员联系,随时报告处理进度
4	行车调度员	(1)立即向线路值班主任报告; (2)命令在站的上、下行列车立即开车; (3)拦停开往本站的上、下行列车;来不及拦停时,呼叫列车立即停车退回后方站;若后方站有车占用时,命令列车不停车通过本站; (4)扣停后续列车; (5)全线发行运营受阻信息,在具备运行条件的区段,组织列车小交路运行,调整列车运行秩序
5	环控调度员	(1)立即向环控工程师和值班主任报告; (2)向环控工程师请示处置方案,经总调批准同意后执行; (3)立即关停本站所有通风系统及水暖系统。相邻车站保持车站处于正压状态,防止毒气扩散; (4)环控调度员按现场抢险总指挥的命令,开启相应的风机排毒; (5)若发生中央级控制无法操作时,及时向车站值班员汇报下放"站控"; (6)检查、监视通风情况并随时报告线路值班主任和环控工程师

续上表

序号	岗 位	作 业 程 序
6	司机	(1)接到行车调度员的通知后,按行车调度员指示退回后方站; (2)接到行车调度员命令后,广播向乘客通告该站不能停车的原因,请乘客在前方站下车后,换乘其他交通工具; (3)线上所有列车司机(包括其他线)接行车调度员指令后,用列车广播通告乘客,引导前往该站的乘客换乘其他交通工具
7	车站人员	在值班站长指挥下,戴好防毒面具后,组织乘客疏散和救护。各岗位职责如下: (1)站台岗:迅速将站台乘客向站厅疏散,关停扶梯或将扶梯打到往站厅方向运行; (2)客运值班员:停止工作,锁好门,迅速赶到站厅疏散乘客。并现场喊话:"各位乘客请往这边出站,注意安全,听从工作人员指引"; (3)售票员:立即停止售票,迅速锁好钱箱票款,锁闭票亭,打开边门疏散乘客; (4)厅巡员:将站厅扶梯关停或打到往站外方向运行,疏散乘客; (5)保安:到出口阻止乘客进站,迎候消防人员和急救人员并带到现场; (6)安检岗:听从值班站长指挥,疏散乘客,乘客受伤时携带担架和急救箱进行救援; (7)机动岗:听从值班站长指挥,疏散乘客,乘客受伤时携带担架和急救箱进行救援
8	值班站长	(1)值班站长利用对讲机了解疏散过程中的人员伤亡情况,安排人员利用担架和急救箱救助乘客; (2)现场喊话:"××岗,请携带担架和急救箱立即赶往××救助受伤乘客"; (3)利用对讲机对站台、站厅工作人员进行询问,确认伤者及乘客已撤离完毕后,进入车控室进行人工广播:"我是值班站长,请车站所有工作人员全部撤离车站。"(重复两遍)听到广播后,各岗位工作人员迅速撤离。客运值班员统计各出口人员后报值班站长
9	事后恢复	(1)值班站长在消防人员处理好现场,确认可以恢复运营后向行调报告,请求恢复运营; (2)行车调度员确认具备恢复运营条件后,下令恢复运营,恢复行车方案; (3)环控调度员恢复正常环控工况模式; (4)各岗位人员回到各自岗位,恢复日常工作

4.事故调查分析

通过车站 CCTV 监控视频、现场目击证人证词、事发现场情况、乘客伤亡情况等对事故进行分析,配合公安部门做全面调查,并提出改进方案和措施。

5.事故预防

根据事故调查,提出事故预防方案和措施,并对车站员工进行演练培训,加强车站巡视,不断完善车站工作,减少乘客伤亡事故的发生。

实践训练

(1)在实训室运用 VR,进行各类反恐工具的结构认知和操作使用并填写实训任务单(表8-9)。

反恐工具表　　　　　　　　　　　　　　　　表8-9

反恐工具	结构认知	设备操作
警用约束叉		
伸缩警棍		
警用喷雾		
防割手套		
电棒		
盾牌		

（2）在实训室运用模拟仿真软件，进行列车恐怖袭击类突发事件的应急处理并填写实训任务单（表8-10）。

列车恐怖袭击类突发事件　　　　　　　　　　表8-10

列车恐怖袭击类突发事件	处理流程	具体操作步骤
列车上发现可疑物品		
列车上遭遇劫持人质事件		
列车上遭遇毒气袭击		

（3）在实训室运用模拟仿真软件，进行车站恐怖袭击类突发事件的应急处理并填写实训任务单（表8-11）。

车站恐怖袭击类突发事件　　　　　　　　　　表8-11

车站恐怖袭击类突发事件	处理流程	具体操作步骤
车站发现可疑物品		
车站遭遇劫持人质事件		
车站遭遇毒气袭击		

附录一 国家城市轨道交通运营突发事件应急预案

国办函〔2015〕32号

1 总则

1.1 编制目的

建立健全城市轨道交通运营突发事件(以下简称运营突发事件)处置工作机制,科学有序高效应对运营突发事件,最大程度减少人员伤亡和财产损失,维护社会正常秩序。

1.2 编制依据

依据《中华人民共和国突发事件应对法》《中华人民共和国安全生产法》《生产安全事故报告和调查处理条例》《国家突发公共事件总体应急预案》及相关法律法规等,制定本预案。

1.3 适用范围

本预案适用于城市轨道交通运营过程中发生的因列车撞击、脱轨,设施设备故障、损毁,以及大客流等情况,造成人员伤亡、行车中断、财产损失的突发事件应对工作。

因地震、洪涝、气象灾害等自然灾害和恐怖袭击、刑事案件等社会安全事件以及其他因素影响或可能影响城市轨道交通正常运营时,依据国家相关预案执行,同时参照本预案组织做好监测预警、信息报告、应急响应、后期处置等相关应对工作。

1.4 工作原则

运营突发事件应对工作坚持统一领导、属地负责,条块结合、协调联动,快速反应、科学处置的原则。运营突发事件发生后,城市轨道交通所在地城市及以上地方各级人民政府和有关部门、城市轨道交通运营单位(以下简称运营单位)应立即按照职责分工和相关预案开展处置工作。

1.5 事件分级

按照事件严重性和受影响程度,运营突发事件分为特别重大、重大、较大和一般四级。事件分级标准见附则。

2 组织指挥体系

2.1 国家层面组织指挥机构

交通运输部负责运营突发事件应对工作的指导协调和监督管理。根据运营突发事件的发展态势和影响,交通运输部或事发地省级人民政府可报请国务院批准,或根据国务院领导同志指示,成立国务院工作组,负责指导、协调、支持有关地方人民政府开展运营突发事件应对工作。必要时,由国务院或国务院授权交通运输部成立国家城市轨道交通应急指挥部,统一领导、组织和指挥运营突发事件应急处置工作。

2.2 地方层面组织指挥机构

城市轨道交通所在地城市及以上地方各级人民政府负责本行政区域内运营突发事件应对工作，要明确相应组织指挥机构。地方有关部门按照职责分工，密切配合，共同做好运营突发事件的应对工作。

对跨城市运营的城市轨道交通线路，有关城市人民政府应建立跨区域运营突发事件应急合作机制。

2.3 现场指挥机构

负责运营突发事件处置的人民政府根据需要成立现场指挥部，负责现场组织指挥工作。参与现场处置的有关单位和人员应服从现场指挥部的统一指挥。

2.4 运营单位

运营单位是运营突发事件应对工作的责任主体，要建立健全应急指挥机制，针对可能发生的运营突发事件完善应急预案体系，建立与相关单位的信息共享和应急联动机制。

2.5 专家组

各级组织指挥机构及运营单位根据需要设立运营突发事件处置专家组，由线路、轨道、结构工程、车辆、供电、通信、信号、环境与设备监控、运输组织等方面的专家组成，对运营突发事件处置工作提供技术支持。

3 监测预警和信息报告

3.1 监测和风险分析

运营单位应当建立健全城市轨道交通运营监测体系，根据运营突发事件的特点和规律，加大对线路、轨道、结构工程、车辆、供电、通信、信号、消防、特种设备、应急照明等设施设备和环境状态以及客流情况等的监测力度，定期排查安全隐患，开展风险评估，健全风险防控措施。当城市轨道交通正常运营可能受到影响时，要及时将有关情况报告当地城市轨道交通运营主管部门。

城市轨道交通所在地城市及以上地方各级人民政府城市轨道交通运营主管部门，应加强对本行政区域内城市轨道交通安全运营情况的日常监测，会同公安、国土资源、住房城乡建设、水利、安全监管、地震、气象、铁路、武警等部门（单位）和运营单位建立健全定期会商和信息共享机制，加强对突发大客流和洪涝、气象灾害、地质灾害、地震等信息的收集，对各类风险信息进行分析研判，并及时将可能导致运营突发事件的信息告知运营单位。有关部门应及时将可能影响城市轨道交通正常运营的信息通报同级城市轨道交通运营主管部门。

3.2 预警

3.2.1 预警信息发布

运营单位要及时对可能导致运营突发事件的风险信息进行分析研判，预估可能造成影响的范围和程度。城市轨道交通系统内设施设备及环境状态异常可能导致运营突发事件时,要及时向相关岗位专业人员发出预警;因突发大客流、自然灾害等原因可能影响城市轨道交通正常运营时,要及时报请当地城市轨道交通运营主管部门,通过电视、广播、报纸、互联网、手机短信、楼宇或移动电子屏幕、当面告知等渠道向公众发布预警信息。

3.2.2 预警行动

研判可能发生运营突发事件时,运营单位视情采取以下措施:

(1)防范措施

对于城市轨道交通系统内设施设备及环境状态预警,要组织专业人员迅速对相关设施设备状态进行检查确认,排除故障,并做好故障排除前的各项防范工作。

对于突发大客流预警,要及时调整运营组织方案,加强客流情况监测,在重点车站增派人员加强值守,做好客流疏导,视情采取限流、封站等控制措施,必要时申请启动地面公共交通接驳疏运。城市轨道交通运营主管部门要及时协调组织运力疏导客流。

对于自然灾害预警,要加强对地面线路、设备间、车站出入口等重点区域的检查巡视,加强对重点设施设备的巡检紧固和对重点区段设施设备的值守监测,做好相关设施设备停用和相关线路列车限速、停运准备。

(2)应急准备

责令应急救援队伍和人员进入待命状态,动员后备人员做好参加应急救援和处置工作准备,并调集运营突发事件应急所需物资、装备和设备,做好应急保障工作。

(3)舆论引导

预警信息发布后,及时公布咨询电话,加强相关舆情监测,主动回应社会公众关注的问题,及时澄清谣言传言,做好舆论引导工作。

3.2.3 预警解除

运营单位研判可能引发运营突发事件的危险已经消除时,宣布解除预警,适时终止相关措施。

3.3 信息报告

运营突发事件发生后,运营单位应当立即向当地城市轨道交通运营主管部门和相关部门报告,同时通告可能受到影响的单位和乘客。

事发地城市轨道交通运营主管部门接到运营突发事件信息报告或者监测到相关信息后,应当立即进行核实,对运营突发事件的性质和类别作出初步认定,按照国家规定的时限、程序和要求向上级城市轨道交通运营主管部门和同级人民政府报告,并通报同级其他相关部门和单位。运营突发事件已经或者可能涉及相邻行政区域的,事发地城市轨道交通运营主管部门应当及时通报相邻区域城市轨道交通运营主管部门。事发地城市及以上地方各级人民政府、城市轨道交通运营主管部门应当按照有关规定逐级上报,必要时可越级上报。对初判为重大以上的运营突发事件,省级人民政府和交通运输部要立即向国务院报告。

4 应急响应

4.1 响应分级

根据运营突发事件的严重程度和发展态势,将应急响应设定为Ⅰ级、Ⅱ级、Ⅲ级、Ⅳ级四个等级。初判发生特别重大、重大运营突发事件时,分别启动Ⅰ级、Ⅱ级应急响应,由事发地省级人民政府负责应对工作;初判发生较大、一般运营突发事件时,分别启动Ⅲ级、Ⅳ级应急响应,由事发地城市人民政府负责应对工作。对跨城市运营的城市轨道交通线路,有关城市人民政府在建立跨区域运营突发事件应急合作机制时应明确各级应急响应的责任主体。

对需要国家层面协调处置的运营突发事件,由有关省级人民政府向国务院或由有关省级城市轨道交通运营主管部门向交通运输部提出请求。

运营突发事件发生在易造成重大影响的地区或重要时段时,可适当提高响应级别。应急响应启动后,可视事件造成损失情况及其发展趋势调整响应级别,避免响应不足或响应过度。

4.2 响应措施

运营突发事件发生后,运营单位必须立即实施先期处置,全力控制事件发展态势。各有关地方、部门和单位根据工作需要,组织采取以下措施。

4.2.1 人员搜救

调派专业力量和装备,在运营突发事件现场开展以抢救人员生命为主的应急救援工作。现场救援队伍之间要加强衔接和配合,做好自身安全防护。

4.2.2 现场疏散

按照预先制订的紧急疏导疏散方案,有组织、有秩序地迅速引导现场人员撤离事发地点,疏散受影响城市轨道交通沿线站点乘客至城市轨道交通车站出口;对城市轨道交通线路实施分区封控、警戒,阻止乘客及无关人员进入。

4.2.3 乘客转运

根据疏散乘客数量和发生运营突发事件的城市轨道交通线路运行方向,及时调整城市公共交通路网客运组织,利用城市轨道交通其余正常运营线路,调配地面公共交通车辆运输,加大发车密度,做好乘客的转运工作。

4.2.4 交通疏导

设置交通封控区,对事发地点周边交通秩序进行维护疏导,防止发生大范围交通瘫痪;开通绿色通道,为应急车辆提供通行保障。

4.2.5 医学救援

迅速组织当地医疗资源和力量,对伤病员进行诊断治疗,根据需要及时、安全地将重症伤病员转运到有条件的医疗机构加强救治。视情增派医疗卫生专家和卫生应急队伍、调配急需医药物资,支持事发地的医学救援工作。提出保护公众健康的措施建议,做好伤病员的心理援助。

4.2.6 抢修抢险

组织相关专业技术力量,开展设施设备等抢修作业,及时排除故障;组织土建线路抢险队伍,开展土建设施、轨道线路等抢险作业;组织车辆抢险队伍,开展列车抢险作业;组织机电设备抢险队伍,开展供电、通信、信号等抢险作业。

4.2.7 维护社会稳定

根据事件影响范围、程度,划定警戒区,做好事发现场及周边环境的保护和警戒,维护治安秩序;严厉打击借机传播谣言制造社会恐慌等违法犯罪行为;做好各类矛盾纠纷化解和法律服务工作,防止出现群体性事件,维护社会稳定。

4.2.8 信息发布和舆论引导

通过政府授权发布、发新闻稿、接受记者采访、举行新闻发布会、组织专家解读等方式,借助电视、广播、报纸、互联网等多种途径,运用微博、微信、手机应用程序(App)客户端等新媒体平台,主动、及时、准确、客观向社会持续动态发布运营突发事件和应对工作信息,回应社会关切,澄清不实信息,正确引导社会舆论。信息发布内容包括事件时间、地点、原因、性质、伤亡情况、应对措施、救援进展、公众需要配合采取的措施、事件区域交通管制情况和临时交通措施等。

4.2.9 运营恢复

在运营突发事件现场处理完毕、次生灾害后果基本消除后,及时组织评估;当确认具备运营条件后,运营单位应尽快恢复正常运营。

4.3 国家层面应对工作

4.3.1 部门工作组应对

初判发生重大以上运营突发事件时,交通运输部立即派出工作组赴现场指导督促当地开展应急处置、原因调查、运营恢复等工作,并根据需要协调有关方面提供队伍、物资、技术等支持。

4.3.2 国务院工作组应对

当需要国务院协调处置时,成立国务院工作组。主要开展以下工作:
(1)传达国务院领导同志指示批示精神,督促地方政府和有关部门贯彻落实;
(2)了解事件基本情况、造成的损失和影响、应急处置进展及当地需求等;
(3)赶赴现场指导地方开展应急处置工作;
(4)根据地方请求,协调有关方面派出应急队伍、调运应急物资和装备、安排专家和技术人员等,为应急处置提供支援和技术支持;
(5)指导开展事件原因调查工作;
(6)及时向国务院报告相关情况。

4.3.3 国家城市轨道交通应急指挥部应对

根据事件应对工作需要和国务院决策部署,成立国家城市轨道交通应急指挥部,统一领导、组织和指挥运营突发事件应急处置工作。主要开展以下工作:
(1)组织有关部门和单位、专家组进行会商,研究分析事态,部署应急处置工作;
(2)根据需要赴事发现场,或派出前方工作组赴事发现场,协调开展应对工作;
(3)研究决定地方人民政府和有关部门提出的请求事项,重要事项报国务院决策;
(4)统一组织信息发布和舆论引导工作;
(5)对事件处置工作进行总结并报告国务院。

5 后期处置

5.1 善后处置

城市轨道交通所在地城市人民政府要及时组织制订补助、补偿、抚慰、抚恤、安置和环境恢复等善后工作方案并组织实施。组织保险机构及时开展相关理赔工作,尽快消除运营突发事件的影响。

5.2 事件调查

运营突发事件发生后,按照《生产安全事故报告和调查处理条例》等有关规定成立调查组,查明事件原因、性质、人员伤亡、影响范围、经济损失等情况,提出防范、整改措施和处理建议。

5.3 处置评估

运营突发事件响应终止后,履行统一领导职责的人民政府要及时组织对事件处置过程进行评估,总结经验教训,分析查找问题,提出改进措施,形成应急处置评估报告。

6 保障措施

6.1 通信保障

城市轨道交通所在地城市及以上地方人民政府、通信主管部门要建立健全运营突发事件应急通信保障体系,形成可靠的通信保障能力,确保应急期间通信联络和信息传递需要。

6.2 队伍保障

运营单位要建立健全运营突发事件专业应急救援队伍,加强人员设备维护和应急抢修能力培训,定期开展应急演练,提高应急救援能力。公安消防、武警部队等要做好应急力量支援保障。根据需要动员和组织志愿者等社会力量参与运营突发事件防范和处置工作。

6.3 装备物资保障

城市轨道交通所在地城市及以上地方人民政府和有关部门、运营单位要加强应急装备物资储备,鼓励支持社会化储备。城市轨道交通运营主管部门、运营单位要加强对城市轨道交通应急装备物资储备信息的动态管理。

6.4 技术保障

支持运营突发事件应急处置先进技术、装备的研发。建立城市轨道交通应急管理技术平台,实现信息综合集成、分析处理、风险评估的智能化和数字化。

6.5 交通运输保障

交通运输部门要健全道路紧急运输保障体系,保障应急响应所需人员、物资、装备、器材等的运输,保障人员疏散。公安部门要加强应急交通管理,保障应急救援车辆优先通行,做好人员疏散路线的交通疏导。

6.6 资金保障

运营突发事件应急处置所需经费首先由事件责任单位承担。城市轨道交通所在地城市及以上地方人民政府要对运营突发事件处置工作提供资金保障。

7 附则

7.1 术语解释

城市轨道交通是指采用专用轨道导向运行的城市公共客运交通系统,包括地铁系统、轻轨系统、单轨系统、有轨电车、磁浮系统、自动导向轨道交通系统、市域快速轨道系统等。

7.2 事件分级标准

(1)特别重大运营突发事件:造成30人以上死亡,或者100人以上重伤,或者直接经济损失1亿元以上的。

(2)重大运营突发事件:造成10人以上30人以下死亡,或者50人以上100人以下重伤,或者直接经济损失5000万元以上1亿元以下,或者连续中断行车24小时以上的。

(3)较大运营突发事件:造成3人以上10人以下死亡,或者10人以上50人以下重伤,或者直接经济损失1000万元以上5000万元以下,或者连续中断行车6小时以上24小时以下的。

(4)一般运营突发事件:造成3人以下死亡,或者10人以下重伤,或者直接经济损失50万元以上1000万元以下,或者连续中断行车2小时以上6小时以下的。

上述分级标准有关数量的表述中,"以上"含本数,"以下"不含本数。

7.3 预案管理

预案实施后,交通运输部要会同有关部门组织预案宣传、培训和演练,并根据实际情况,适时组织评估和修订。城市轨道交通所在地城市及以上地方人民政府要结合当地实际制定或修订本级运营突发事件应急预案。

7.4 预案解释

本预案由交通运输部负责解释。

7.5 预案实施时间

本预案自印发之日起实施。

——附件:有关部门和单位职责

附件:

有关部门和单位职责

城市轨道交通运营突发事件(以下简称运营突发事件)应急组织指挥机构成员单位主要包括城市轨道交通运营主管部门、公安、安全监管、住房城乡建设、卫生计生、质检、新闻宣传、通信、武警等部门和单位。各有关部门和单位具体职责如下:

城市轨道交通运营主管部门负责指导、协调、组织运营突发事件监测、预警及应对工作,负责运营突发事件应急工作的监督管理;牵头组织完善城市轨道交通应急救援保障体系,协调建立健全应急处置联动机制;指导运营单位制订城市轨道交通应急疏散保障方案;指定或协调应急救援运输保障单位，组织事故现场人员和物资的运送；参与事件原因分析、调查与处理工作。

公安部门负责维护现场治安秩序和交通秩序；参与抢险救援，协助疏散乘客；监督指导重要目标、重点部位治安保卫工作；依法查处有关违法犯罪活动；负责组织消防力量扑灭事故现场火灾；参与相关事件原因分析、调查与处理工作。

安全监管部门负责组织指挥专业抢险队伍对运营突发事件中涉及的危险化学品泄漏事故进行处置；负责组织安全生产专家组对涉及危险化学品的运营突发事件提出相应处置意见；牵头负责事件原因分析、调查与处理工作。

住房城乡建设部门负责组织协调建设工程抢险队伍，配合运营单位专业抢险队伍开展工程抢险救援；对事后城市轨道交通工程质量检测工作进行监督；参与相关事件原因分析、调查与处理工作。

卫生计生部门负责组织协调医疗卫生资源，开展伤病员现场救治、转运和医院收治工作，统计医疗机构接诊救治伤病员情况；根据需要做好卫生防病工作，视情提出保护公众健康的措施建议，做好伤病员的心理援助。

质检部门负责牵头特种设备事故调查处理，参与相关事件原因分析、调查与处理工作。

新闻宣传部门负责组织、协调运营突发事件的宣传报道、事件处置情况的新闻发布、舆情收集和舆论引导工作，组织新闻媒体和网站宣传运营突发事件相关知识，加强对互联网信息的管理。各处置部门负责发布职责范围内的工作信息，处置工作牵头部门统筹发布抢险处置综合信息。

通信部门负责组织协调基础电信运营单位做好运营突发事件的应急通信保障工作；参与相关事件原因分析、调查与处理工作。

武警部队负责协同有关方面保卫重要目标，制止违法行为，搜查、抓捕犯罪分子，开展人员搜救、维护社会治安和疏散转移群众等工作。

其他有关部门应组织协调供电、水务、燃气等单位做好运营突发事件的应急供电保障，开展供水管道和燃气管道等地下管网抢修；视情参与相关事件原因分析、调查与处理工作等。

各地区可根据实际情况对成员单位组成及职责做适当调整。必要时可在指挥机构中设置工作组，协同做好应急处置工作。

附录二 国家处置城市地铁事故灾难应急预案

1 总则

1.1 编制目的

做好城市地铁事故灾难的防范与处置工作,保证及时、有序、高效、妥善地处置城市地铁事故灾难,最大限度地减少人员伤亡和财产损失,维护社会稳定,支持和保障经济发展。

1.2 编制依据

依据《中华人民共和国安全生产法》《中华人民共和国消防法》《突发公共卫生事件应急条例》《国务院关于特大安全事故行政责任追究的规定》和《国家突发公共事件总体应急预案》,制订本预案。

1.3 适用范围

本预案适用于我国地铁(包括轻轨)发生的特别重大事故灾难,致使人民群众生命财产和地铁的正常运营受到严重威胁,具备下列条件之一的:

(1)造成30人以上死亡(含失踪),或危及30人以上生命安全,或者100人以上中毒(重伤),或者直接经济损失1亿元以上;

(2)需要紧急转移安置10万人以上;

(3)超出省级人民政府应急处置能力;

(4)跨省级行政区、跨领域(行业和部门);

(5)国务院认为需要国务院或建设部响应。

1.4 工作原则

(1)以人为本、科学决策

发挥政府公共服务职能,把保障人民群众的生命安全、最大限度地减少事故灾难造成的损失放在首位。运用先进技术,充分发挥专家作用,实行科学民主决策。

(2)统一指挥、分级负责

在国务院的统一领导下,由建设部牵头负责,省(区、市)人民政府和国务院其他有关部门、军队、武警按照各自的职责分工和权限,负责有关地铁事故灾难的应急管理和特别重大、重大事故灾难的应急处置工作。

(3)属地为主、分工协作

地铁事故灾难应急处置实行属地负责制,城市人民政府是处置事故灾难的主体,要承担处置的首要责任。国务院各有关部门、军队、武警、省(区、市)人民政府要主动配合、密切协作、整合资源、信息共享、形成合力,保证事故灾难信息的及时准确传递、快速有效处置。

(4)应急处置与日常建设相结合、有效应对

国务院各有关部门、军队、武警和省(区、市)人民政府,尤其是地铁所在地城市人民政府,对事故灾难要有充分的思想准备,调动全社会力量,建立应对事故灾难的有效机制,做到常备不懈。应急机制建设和资源准备要坚持应急处置与日常建设相结合,降低运行成本。

2　组织机构与职责

2.1　国家应急机构

国务院或国务院授权建设部设立城市地铁事故灾难应急领导小组(以下简称"领导小组")。领导小组下设办公室、联络组和专家组。

领导小组办公室设在建设部质量安全司,具体负责全国地铁事故灾难应急工作。领导小组联络组由各成员单位指派的人员组成。领导小组专家组由地铁、公安、消防、安全生产、卫生防疫、防化等方面的专家组成。

2.2　省级、市级地铁事故灾难应急机构

省级、市级地铁事故灾难应急机构应比照国家地铁事故灾难应急机构的组成、职责,结合本地实际情况确定。

2.3　城市地铁企业事故灾难应急机构

城市地铁企业应建立由企业主要负责人、分管安全生产的负责人、有关部门参加的地铁事故灾难应急机构。

3　预警预防机制

3.1　监测机构

城市人民政府建设行政主管部门负责城市地铁的运行监测、预警工作,建立城市地铁监测体系和运行机制;对检测信息进行汇总分析;对城市地铁运行状况进行收集、汇总分析并做出报告,每半年向国家和省级地铁应急机构做出书面报告。

3.2　监测网络

由省级、市级建设行政主管部门、城市地铁企业组成监测网络,省级、市级建设行政主管部门设立城市地铁监察员对城市地铁进行检查监督。

3.3　监测内容

城市地铁的规章制度、强制性标准、设施设备及安全运营管理。

4 应急响应

4.1 分级响应

Ⅰ级响应行动(响应标准见1.3)由领导小组组织实施,当领导小组进入Ⅰ级响应行动时,事发地各级政府应当按照相应的预案全力以赴组织救援,并及时向领导小组报告救援工作进展情况。

Ⅱ级以下应急响应行动的组织实施,由省级人民政府决定。城市人民政府可根据事故灾难的严重程度启动相应的应急预案,超出本级应急处置能力时,及时报请上一级应急机构启动上一级应急预案实施救援。

4.1.1 领导小组的响应

建设部在接到特别重大事故灾难报告2小时内,决定是否启动Ⅰ级响应。

Ⅰ级响应时,领导小组启动并实施本预案。及时将事故灾难的基本情况、事态发展和救援进展情况报告国务院并抄报国家安全监管总局;开通与国务院有关部门、军队、武警等有关方面的通信联系;开通与事故灾难发生地的省级应急机构、事发地城市政府应急机构、现场应急机构、相关专业应急机构的通信联系,随时掌握事态进展情况;派出有关人员和专家赶赴现场,参加、指导应急工作;需要其他部门应急力量支援时,向国务院提出请求。

Ⅱ级以下响应时,及时开通与事故灾难发生地的省级应急机构、事发地城市政府应急机构的通信联系,随时掌握事态进展情况;根据有关部门和专家的建议,为地方应急指挥救援工作提供协调和技术支持;必要时,派出有关人员和专家赶赴现场,参加、指导应急工作。

4.1.2 国务院有关部门、军队、武警的响应

Ⅰ级响应时,国务院有关部门、军队、武警按照预案规定的职责参与应急工作,启动并实施本部门相关的应急预案。

4.2 不同事故灾难的应急响应措施

4.2.1 火灾应急响应措施

(1)城市地铁企业要制定完善的消防预案,针对不同车站、列车运行的不同状态以及消防重点部位制订具体的火灾应急响应预案;

(2)贯彻"救人第一、救人与灭火同步进行"的原则,积极施救;

(3)处置火灾事件应坚持快速反应的原则,做到反应快、报告快、处置快,把握起火初期的关键时间,把损失控制在最低程度;

(4)火灾发生后,工作人员应立即向"119""110"报告,同时组织做好乘客的疏散、救护工作,积极开展灭火自救工作;

(5)地铁企业事故灾难应急机构及市级地铁事故灾难应急机构,接到火灾报告后,应立即组织启动相应应急预案。

4.2.2 地震应急响应措施

(1)地震灾害紧急处理的原则:

a.实行高度集中,统一指挥,各单位、各部门要听从事发地省、直辖市人民政府指挥,各司

其职,各负其责;

　　b.抓住主要矛盾,先救人、后救物,先抢救通信、供电等要害部位,后抢救一般设施。

　(2)市级地铁事故灾难应急机构及地铁企业负责制订地震应急预案,做好应急物资的储备及管理工作。

　(3)发布破坏性地震预报后,即进入临震应急状态。省级人民政府建设主管部门采取相应措施:

　　a.根据震情发展和工程设施情况,发布避震通知,必要时停止运营和施工,组织避震疏散;

　　b.对有关工程和设备采取紧急抗震加固等保护措施;

　　c.检查抢险救灾的准备工作;

　　d.及时准确通报地震信息,保护正常工作秩序。

　(4)地震发生时,省级人民政府建设主管部门及时将灾情报有关部门,同时做好乘客疏散和地铁设施、设备保护工作。

　(5)地铁企业事故灾难应急机构及市级地铁事故灾难应急机构,接到地震报告后,应立即组织启动相应应急预案。

4.2.3　地铁爆炸应急响应措施

　(1)迅速反应,及时报告,密切配合,全力以赴疏散乘客、排除险情,尽快恢复运营;

　(2)地铁企业应针对地铁列车、地铁车站、地铁主变电站、地铁控制中心,以及地铁车辆段等重点防范部位制订防爆措施;

　(3)地铁内发现的爆炸物品、可疑物品应由专业人员进行排除,任何非专业人员不得随意触动;

　(4)地铁爆炸案件一旦发生,市级建设主管部门应立即报告当地公安部门、消防部门、卫生部门,组织开展调查处理和应急工作;

　(5)地铁企业事故灾难应急机构及市级地铁事故灾难应急机构,接到爆炸报告后,应立即组织启动相应应急预案。

4.2.4　地铁大面积停电应急响应措施

　(1)地铁企业应贯彻预防为主、防救结合的原则,重点做好日常安全供电保障工作,准备备用电源,防止停电事件的发生;

　(2)停电事件发生后,地铁企业要做好信息发布工作,做好乘客紧急疏散、安抚工作,协助做好地铁的治安防护工作;

　(3)供电部门在事故灾难发生后,应根据事故灾难性质、特点,立即实施事故灾难抢修、抢险有关预案,尽快恢复供电;

　(4)地铁企业事故灾难应急机构及市级地铁事故灾难应急机构,接到停电报告后,应立即组织启动相应应急预案。

4.3　应急情况报告

应急情况报告的基本原则是:快捷、准确、直报、续报。

4.3.1　快捷

最先接到事故灾难信息的单位应在第一时间报告,最迟不能超过1小时。

4.3.2 准确
报告内容要真实,不得瞒报、虚报、漏报。

4.3.3 直报
发生特别重大事故灾难,要直报领导小组办公室,同时报省、市地铁事故灾难应急机构;紧急情况下,可越级上报国务院,并及时通报有关部门。

4.3.4 续报
在事故灾难发生一段时间内,要连续上报事故灾难应急处置的进展情况及有关内容。

4.3.5 报告内容
特别重大事故灾难快报及续报应当包括以下内容:
(1)事件单位的名称、负责人、联系电话及地址;
(2)事件发生的时间、地点;
(3)事件造成的危害程度、影响范围、伤亡人数、直接经济损失;
(4)事件的简要经过;
(5)其他需上报的有关事项。

4.4 报告程序

4.4.1 地铁事故灾难发生后,现场人员必须立即报警,并报告地铁企业应急机构。有关部门接到报告后,应迅速确认事故灾难性质和等级,立即启动相应的预案,并向上级地铁应急机构报告。

4.4.2 特别重大事故灾难发生单位、属地政府及其相关行政主管部门,接报后必须做到:
(1)迅速采取有效措施,组织抢救,防止事故灾难扩大;
(2)严格保护事故灾难现场;
(3)迅速派人赶赴事故灾难现场,负责维护现场秩序和证据收集工作;
(4)服从地方政府统一部署和指挥,了解掌握事故灾难情况,协调组织事件抢险救灾和调查处理等事宜,并及时报告事态趋势及状况。

4.4.3 因抢救人员、防止事故灾难扩大、恢复生产以及疏通交通等原因,需要移动现场物件的,应当做好标志,采取拍照、摄像、绘图等方法详细记录事故灾难现场的原貌,妥善保存现场重要痕迹、物证。

4.4.4 发生特别重大事故灾难的单位及城市地铁事故灾难应急机构应在事故灾难发生后4小时内写出事故灾难快报,分别报送国家、省地铁事故灾难应急机构。

4.5 情况接报

4.5.1 领导小组办公室获悉发生城市地铁事故灾难后,迅速通知领导小组,并根据事故灾难的性质和严重程度提出启动预案的建议。

4.5.2 领导小组接到报告后,应将有关情况上报国务院,同时通报国务院有关部门。

4.6 紧急处置

紧急处置应按照属地为主的原则,依靠本行政区域的力量。事故灾难发生后,地铁企业和当地人民政府应立即启动应急预案,并按照应急预案迅速采取措施,使事故灾难损失降到最低。

根据事态发展情况,出现急剧恶化的特殊险情时,现场应急指挥机构在充分考虑专家和有关方面意见的基础上,及时制订应急处置方案,依法采取紧急处置措施。

4.7 医疗卫生救助

各级卫生行政部门要根据《国家突发公共事件医疗卫生救援应急预案》,组织做好应急准备,在应急响应时,组织、协调开展应急医疗卫生救援工作,保护人民群众的健康和生命安全。

4.8 应急人员的安全防护

现场处置人员应根据需要佩戴相应的专业防护装备,采取安全防护措施,严格执行应急人员进入和离开事故灾难现场的相关规定。

现场应急机构根据需要具体协调、调集相应的安全防护装备。城市人民政府应事先为城市地铁企业配备相应的专业防护装备。

4.9 群众的安全防护

现场应急机构负责组织群众的安全防护工作,主要工作内容如下:
(1)根据事故灾难的特点,确定保护群众安全需要采取的防护措施;
(2)决定紧急状态下群众疏散、转移和安置的方式、范围、路线和程序,指定有关部门具体负责实施疏散、转移和安置;
(3)启用应急避难场所;
(4)维护事发现场的治安秩序。

4.10 社会力量的动员与参与

现场应急机构组织调动本行政区域社会力量参与应急工作。超出事发地省级人民政府的处置能力时,省级人民政府向国务院申请本行政区域外的社会力量支援。

4.11 现场检测与评估

根据需要,现场应急机构成立事故灾难现场检测与评估小组,负责检测、分析和评估工作,查找事故灾难的原因和评估事态的发展趋势,预测事故灾难的后果,为现场应急决策提供参考。检测与评估报告要及时上报领导小组办公室。

4.12 信息发布

城市地铁事故灾难应急信息的公开发布由各级城市地铁事故灾难应急机构决定。对城市地铁事故灾难和应急响应的信息实行统一、快速、有序、规范管理。

信息发布应明确事件的地点、事件的性质、人员伤亡和财产损失情况、救援进展情况、事件区域交通管制情况以及临时交通管理措施等。

4.13 应急结束

Ⅰ级响应行动由领导小组决定终止。

Ⅱ级以下响应行动的终止由省级人民政府决定。

5 后期处置

5.1 善后处置

事发地的城市人民政府负责组织地铁事故灾难的善后处置工作,包括治安管理、人员安置、补偿、征用物资补偿、救援物资供应和及时补充、恢复生产等事项。尽快消除事故灾难影响,妥善安置和慰问受害及受影响人员,保证社会稳定,尽快恢复地铁正常运营秩序。

5.2 保险理赔

地铁事故灾难发生后,保险机构及时开展应急人员保险受理和受灾人员保险理赔工作。

5.3 调查报告

属于Ⅰ级响应行动的地铁事故灾难由领导小组牵头组成调查组进行调查;必要时,国务院可以直接组成调查组。属于Ⅱ级以下响应行动的地铁事故灾难调查工作由省级人民政府规定;必要时,领导小组可以牵头组成调查组。

应急状态解除后,现场地铁事故灾难应急机构应整理和审查所有的应急记录和文件等资料;总结和评价导致应急状态的事故灾难原因和在应急期间采取的主要行动;必要时,修订城市地铁应急预案,并及时做出书面报告。

(1)应急状态终止后的两个月内,现场地铁事故灾难应急机构应向领导小组提交书面总结报告。

(2)总结报告应包括以下内容:发生事故灾难的地铁基本情况,事故灾难原因、发展过程及造成的后果(包括人员伤亡、经济损失)分析、评价,采取的主要应急响应措施及其有效性,主要经验教训和事故灾难责任人及其处理结果等。

6 保障措施

6.1 通信与信息保障

领导小组应指定专门场所并建设相应的设施满足进行决策、指挥和对外应急联络的需要。

逐步建立并完善全国地铁安全信息库、救援力量和资源信息库,规范信息获取、分析、发布、报送格式和程序,保证国务院及国务院有关部门、省级、市级应急机构之间的信息资源共享。

保证应急响应期间领导小组同国务院,省级、市级和地铁企业事故灾难应急机构、应急支援单位通信联络的需要;明确联系人、联系方式。

能够接受、显示和传达地铁事故灾难信息,为应急决策和专家咨询提供依据;能够接受、传递省级、市级地铁应急机构应急响应的有关信息;能够为地铁事故灾难应急指挥、与有关部门的信息传输提供条件;对省级、市级和地铁企业事故灾难应急机构预案及地铁企业基本情况进行备案。

6.2 应急支援与装备保障

6.2.1 救援装备保障

有地铁运营的城市人民政府负责地铁应急装备的保障。领导小组负责指导、监督地铁应急装备保障工作。

6.2.2 应急队伍保障

领导小组和国务院有关部门、军队、武警根据本预案规定的职责分工,做好应急支援力量准备。地方人民政府建立并完善以消防部队为骨干的应急队伍。

6.2.3 交通运输保障

发生事故灾难后,事发地人民政府有关部门负责对事发现场和相关区域进行交通管制,根据需要开设应急特别通道,确保救灾物资、器材和人员运送及时到位,满足应急处置需要。

6.2.4 医疗卫生保障

各级卫生行政部门,要按照《国家突发公共事件医疗卫生救援应急预案》落实医疗卫生应急的各项保障措施。

6.2.5 治安秩序保障

应急响应时,事发地公安机关负责事故灾难现场的治安秩序保障工作。

6.2.6 物资保障

省级人民政府和城市人民政府及其有关部门,应建立应急设备、救治药物和医疗器械等储备制度。

领导小组根据实际情况,负责监督应急物资的储备情况。

国家发展改革委、商务部协调有关省级人民政府跨地区的物资调用。

6.2.7 资金保障

城市人民政府应当做好事故灾难应急资金准备。领导小组应急处置资金按照《财政应急保障预案》的规定解决。

6.2.8 社会动员保障

事发地人民政府根据需要动员和组织社会力量参与地铁事故灾难的应急。领导小组协调事发地以外的社会力量参与救援。

6.2.9 紧急避难场所保障

城市人民政府负责规划与建设能够基本满足事故灾难发生时人员避难需要的场所。

6.2.10 应急保障的衔接

省级、市级的应急保障按国家有关法律、法规、标准的规定及各自批准的应急预案进行。应急保障应为各自所需的应急响应能力提供保证,并保证各级响应的相互衔接与协调。

6.3 技术储备与保障

领导小组专家组对应急提供技术支持和保障。省级人民政府应比照领导小组专家组的设置,建立相应的机构,对应急提供技术支持和保障。

国务院有关部门和省级、市级人民政府要组织地铁安全保障技术的研究,开发应急技术和装备。

6.4 宣传、培训和演习

6.4.1 公众信息交流

公众信息交流工作由城市人民政府和地铁企业负责,主要内容是城市地铁安全运营及应急的基本常识和救助知识等。城市人民政府组织制订宣传内容、方式等,并组织地铁企业实施。

6.4.2 培训
对所有参与城市地铁事故灾难应急准备与响应的人员进行培训。

6.4.3 演习
省级人民政府地铁事故灾难应急机构应每年组织一次应急演习。城市(含直辖市)人民政府应每半年组织一次应急演习。

6.5 监督检查
领导小组对地铁事故灾难应急预案实施的全过程进行监督。

7 附则

7.1 名词解释

7.1.1 地铁
本预案所称地铁是指承担城市公共客运的城市轨道交通系统,包括地上形式和地下形式。

7.1.2 特别重大、重大事故灾难
本预案所称的特别重大、重大事故灾难是指需要启动本预案中规定的Ⅲ级以上应急响应的灾难事故。

特别重大、重大事故灾难类型主要包括:
(1)地铁遭受火灾、爆炸等事故灾难;
(2)地铁发生大面积停电;
(3)地铁发生一条线路全线停运或两条以上线路同时停运;
(4)地铁车站内发生聚众闹事等突发事件;
(5)地铁遭受台风、水灾、地震等自然灾害的侵袭。

7.1.3 本预案有关数量的表述中,"以上"含本数,"以下"不含本数。

7.2 预案管理与更新
建设部根据国家应急管理的有关法律、法规和应急资源的变化情况,以及预案实施过程中发现的问题或出现的新情况,及时修订完善本预案。

7.3 奖励与责任追究

7.3.1 奖励
在地铁事故灾难应急工作中有下列表现之一的单位和个人,应根据有关规定予以奖励:
(1)出色完成应急任务,成绩显著的;
(2)防止或挽救事故灾难有功,使人民群众的生命和国家、集体财产免受损失或减少损失的;
(3)对应急准备或响应提出重大建议,实施效果显著的;
(4)有其他特殊贡献的。

7.3.2 责任追究

在地铁事故灾难应急工作中有下列行为之一的,按照法律、法规及有关规定,对有关责任人视情节和危害后果,由其所在单位或上级机关给予行政处分;其中,对国家公务人员和国家机关任命的其他人员,分别由任免机关或监察机关给予行政处分;属于违反治安管理行为的,由公安机关依法予以治安处罚;构成犯罪的,由司法机关依法追究刑事责任:

(1)不按照规定制订事故灾难应急预案,拒绝履行应急准备义务的;

(2)不按照规定报告、通报事故灾难真实情况的;

(3)拒不执行地铁事故灾难应急预案,不服从命令和指挥,或者在应急响应时临阵脱逃的;

(4)盗窃、挪用、贪污应急工作资金或物资的;

(5)阻碍应急工作人员依法执行任务或者进行破坏活动的;

(6)散布谣言,扰乱社会秩序的;

(7)有其他危害应急工作行为的。

7.4 国际交流与合作

领导小组要积极建立与国际地铁应急机构的联系,开展国际交流与合作活动。

7.5 预案实施时间

本预案自印发之日起实施。

参 考 文 献

[1] 孟祥虎,孙巧玲.城市轨道交通应急处理[M].北京:人民交通出版社股份有限公司,2015.
[2] 刘奇,徐新玉.城市轨道交通应急处理[M].北京:人民交通出版社股份有限公司,2015.
[3] 李宇辉.城市轨道交通应急处理[M].北京:人民交通出版社股份有限公司,2017.
[4] 王博,申碧涛.城市轨道交通应急处理实务[M].北京:人民交通出版社股份有限公司,2017.
[5] 王芳梅,刘杰.城市轨道交通应急与安全处理[M].北京:清华大学出版社,2017.
[6] 王靓,于赛英.城市轨道交通应急处理[M].北京:机械工业出版社,2014.
[7] 华平,唐春林.城市轨道交通车辆电气控制[M].北京:机械工业出版社,2015.
[8] 刘光武.城市轨道交通应急管理体系研究[J].铁路计算机应用,2012(05).
[9] 胡小敏,贺园园.城市轨道交通突发事件应急管理研究[J].时代金融,2018(11).
[10] 张雷,段征宇,刘靓.城市轨道交通应急管理模式比较研究[J].综合运输,2017(10).